Ekbert Hering/Hans-Peter Kicherer

Taschenrechner für Wirtschaft und Finanzen

Ekbert Hering
Hans-Peter Kicherer

Taschenrechner für Wirtschaft und Finanzen

Arbeitsbuch für die Rechner TI-31, TI-41, TI-42 und TI-44

Springer Fachmedien Wiesbaden GmbH

CIP-Kurztitelaufnahme der Deutschen Bibliothek

Hering, Ekbert:
Taschenrechner für Wirtschaft und Finanzen: Arbeitsbuch für d. Rechner TI-31, TI-41, TI-42 u. TI-44/Ekbert Hering; Hans-Peter Kicherer. – Braunschweig, Wiesbaden: Vieweg, 1980.

NE: Kicherer, Hans-Peter:

Für Folgeschäden, die aus eventuellen Fehlern in Formeln und Beispielen bzw. des Rechners entstehen, haften Autoren und Verlag nicht.

Ursprünglich erschienen bei Friedr. Vieweg & Sohn Verlagsgesellschaft mbH, Braunschweig 1980

Satz: Vieweg, Braunschweig

Buchbinderische Verarbeitung: W. Langelüddecke, Braunschweig

ISBN 978-3-528-04178-6 ISBN 978-3-322-86308-9 (eBook)
DOI 10.1007/978-3-322-86308-9

Vorwort

Das vorliegende Arbeitsbuch wendet sich an Praktiker, Lehrkräfte, Studenten, Schüler und alle anderen Personen, die sich mit Problemen der Finanzmathematik, Investitionsrechnung und Statistik befassen.

Es soll zeigen, wie Probleme aus diesen Bereichen, trotz ihrer vielfach relativ komplizierten mathematischen Struktur, mit Hilfe des Finanzrechners TI-44 der Firma Texas Instruments ohne große Mühe gelöst werden können. Dabei lassen sich die gezeigten Programme in der Regel verhältnismäßig leicht auf die Rechner TI-31, TI-41 und TI-42 übertragen. Zum leichteren Verständnis der Rechengänge und Programme werden jeweils auch die ihnen zugrunde liegenden mathematischen Formeln angegeben. Aus eben diesem Grund wurden die Programme auch häufig etwas ausführlicher gestaltet als das rechentechnisch notwendig gewesen wäre.

Im ersten Teil des Buches wird die Konzeption des Rechners und seine Arbeitsweise erklärt. Dabei wird bereits mit einfachen Beispielen, wie etwa der Berechnung von Gewinnspannen, gearbeitet.

Der zweite Teil ist der Finanzmathematik, der Investitionsrechnung und der Berechnung von Abschreibungen gewidmet. Dabei wurde versucht, möglichst praxisnahe Beispiele auszuwählen.

Die meisten Finanzrechner von Texas Instruments besitzen statistische Funktionen, die eine statistische Auswertung und Prognose von Daten ermöglichen. Dies ist Inhalt des dritten Teils des Arbeitsbuches.

Im vierten Teil (Anhang) finden sich die Rechnerprogramme für die in den vorangehenden Abschnitten gestellten Übungsaufgaben. Damit wird dem Leser die Möglichkeit der Selbstkontrolle gegeben.

Wir hoffen, daß das vorliegende Buch den Leser in die Lage versetzt, einschlägige wirtschaftsmathematische Probleme mit Hilfe des TI-44 zu lösen. Für Hinweise auf Fehler und Verbesserungsvorschläge bedanken wir uns im voraus.

An dieser Stelle möchten wir schließlich noch Herrn Nielsen von Texas Instruments sowie Herrn Langfeld und Herrn Niclas vom Vieweg Verlag für ihre tatkräftige Unterstützung und die gute Zusammenarbeit beim Entstehen des Buches danken.

Aalen / Heidenheim im Mai 1980 *Hering / Kicherer*

Inhaltsverzeichnis

Teil I Mathematische Grundoperationen

1 Allgemeine Hinweise zur Benutzung des Rechners

Da in der Gebrauchsanleitung des TI-44 alle für den Anwender wichtigen Informationen ausführlich dargestellt sind, beschränkt sich dieser Abschnitt nur auf die für das Verständnis der folgenden Kapitel notwendigen Informationen.

Fast alle Tasten des Rechners erfüllen zwei Funktionen. Die Erstfunktion steht direkt auf der Taste, die Zweitfunktion über der Taste. Beim Drücken der Taste wird die Erstfunktion durchgeführt. Wünscht man die Zweitfunktion, so drückt man zuerst die Taste [2nd] und dann die Taste unter dem Zeichen für die Zweitfunktion.

Drückt man zweimal hintereinander die [2nd]-Taste, so führt der Rechner wieder die Erstfunktion durch.

Wird die [2nd]-Taste gedrückt und danach eine Taste, die keine Zweitfunktion besitzt (z.B. alle Zifferntasten), so wird der [2nd]-Befehl nicht beachtet.

Der Rechner wird über die Taste [ON/C] eingeschaltet und durch Drücken der Taste [OFF] ausgeschaltet. Nach dem Einschalten steht das Symbol ▲ in der linken oberen Ecke der Anzeige. Es gibt Auskunft über den Zustand der Batterien. Ist das Zeichen ▲ gut zu erkennen, so sind die Batterien gut, ist das Zeichen ▲ undeutlich oder verschwindet sogar, so sind die Batterien schwach und müssen ausgetauscht werden. Der Rechner kann jedoch noch wenige Stunden mit den alten Batterien betrieben werden, bevor die Rechenoperationen fehlerhaft werden.

1.1 Tastensymbole und deren Bedeutung

Es werden in diesem Kapitel im wesentlichen die für diesen Rechner besonderen Tastensymbole vorgestellt, nicht aber die üblichen Zifferntasten und die gebräuchlichen mathematischen Operations- und Funktionstasten.

Die Unterteilung erfolgt entsprechend der Betriebsarten (siehe Abschnitt 1.2) in allgemeine Tastensymbole, Tastensymbole der Normalfunktion, sowie des Finanz- und Statistik-Modus.

Die Reihenfolge der Tasten innerhalb der Modusart entspricht den Lesegewohnheiten: von links nach rechts und von oben nach unten.

Die allgemeinen Tastensymbole können in jeder Betriebsart verwendet werden.

Allgemeine Tastensymbole ▲		
Taste	englische Bezeichnung	Bedeutung
2nd	second	Zweitfunktion
CMR	CLEAR MODE REGISTER	Löschen der Arbeitsspeicher
FIX	FIXED POINT	Festkomma – Wahl
Mode	Mode	Modus – Wahl
OFF	OFF	Ausschalten
ON/C	ON/CLEAR	Einschalten/Löschen der Anzeige
x ⇄ y		x-y-Austausch-Taste
K		Konstante
STO	STORE	Speichern
RCL	RECALL	Speicherabruf
SUM	SUM TO	Addieren zum Speicherinhalt
EXC	EXCHANGE	Speicher/Anzeigeaustausch
+/–		Vorzeichenwechsel

Gewinnspannen – Modus ▲		
Taste	englische Bezeichnung	Bedeutung
CST	COST	Einkaufspreis (Selbstkosten)
SEL	SELLING PRICE	Verkaufspreis
MAR	MARGE	Gewinnspanne, Handelsspanne in % (Marge)

Finanz – Modus FIN		
Taste	englische Bezeichnung	Bedeutung
DUE	DUE	vorschüssig (nicht für Zinseszins)
N		Anzahl der Perioden
%i	% interest	Zinssatz in %
PMT	PAYMENT	Zahlungsbetrag (Annuität)
PV	PRESENT VALUE	Anfangskapital (Barwert)
FV	FUTURE VALUE	Endkapital
P/I	PRINCIPLE/INTEREST	Tilgungsanteil/Zinsanteil einer Zahlung
Acc/Bal	Accumulated interest/Balance	aufgelaufene Zinsen/ Restschuld

Statistik – Modus STAT		
Taste	englische Bezeichnung	Bedeutung
$\Sigma+$		Eingabe von Datenpunkten
$\Sigma-$		Löschen von Datenpunkten
Corr	Correlation	Korrelationskoeffizient
b/a		Achsenabschnitt b/ Steigung a der Regressionsgeraden
x'		x-Wert auf der Regressionsgeraden bei Eingabe eines y-Wertes
y'		y-Wert auf der Regressionsgeraden bei Eingabe eines x-Wertes
σ_{n-1}		Standardabweichung für (n – 1)-Gewichtung (Stichprobe)
σ_n		Standardabweichung für n-Gewichtung (Grundgesamtheit)
Mean	Mean	Mittelwert

1.2 Wahl der Betriebsart (Moduswahl)

In drei verschiedenen Betriebsarten können Berechnungen durchgeführt werden:

- Normalfunktion
  Auf der linken Seite in der Anzeige steht nur das Batterielade-Symbol ▲
- Finanzmathematik
  In der Anzeige steht ▲ FIN
- Statistik
  In der Anzeige steht ▲ STAT.

Die Betriebsarten werden durch Drücken der Tasten [2nd] [Mode] geändert und zwar in der Reihenfolge Normalfunktion
[2nd] [Mode] → Finanzmodus [2nd] [Mode] → Statistikmodus
[2nd] [Mode] → Normalfunktion, usw.

Für die speziellen Betriebsarten werden häufig besondere Tasten (siehe Abschnitt 1.1) verwendet. Wird die Betriebsart durch [2nd] [Mode] geändert, so werden alle Daten in den Modusregistern gelöscht. Diese Modusregister werden intern für die verschiedenen Betriebsarten bereitgestellt. Wichtig ist in diesem Zusammenhang die Tatsache, daß beim Modus-Wechsel die Daten im Speicher des Rechners erhalten bleiben.

Werden Tasten gedrückt, die nicht zur Betriebsart gehören, so erscheint in der Anzeige das Wort "Error" (Fehler).

Abbildung 1.1 zeigt die verschiedenen Betriebsarten und deren Anwendungsgebiete.

1.3 Dateneingabe und Datenausgabe

Ist der Rechner über die Taste [ON/C] eingeschaltet, so erscheint in der Anzeige das Batterieladesymbol ▲ und die Ziffer 0.

Es können maximal 8 Ziffern eingegeben werden. Der Dezimalpunkt wird dabei rechts von der Ziffernfolge angenommen, bis die Taste für den Dezimalpunkt [·] gedrückt wird. Dann wandert dieser entsprechend der weiteren Zifferneingabe mit (Fließkomma).

Rechts vom Dezimalpunkt können allerdings maximal nur 7 Ziffern eingetastet werden, da bei Zahlen kleiner als 1 vor dem Dezimalpunkt immer eine 0 steht.

Der normale Anzeigebereich bewegt sich, entsprechend den obigen Angaben, zwischen 0.0000001 und 99999999 (positiv oder negativ). Wird bei einer Rechenoperation dieser Bereich überschritten, so schaltet der Rechner automatisch in die Exponentialdarstellung um. Bei der Ziffernfolge steht dann nach der ersten Ziffer der Dezimalpunkt. Der Exponent hat zwei Ziffern und eine Vorzeichenstelle, die nur bei negativen Exponenten angezeigt wird.

Mit der Vorzeichentaste [+/−] kann das Vorzeichen der Zahl in der Anzeige geändert werden.

Modus	Normalfunktion		Finanzmathematik	Statistik
Anzeige	▲		▲ FIN	▲ STAT
Anwendungsbereiche	Mathematische Operationen + − ÷ × % Δ% x^2 $\sqrt{x}$ 1/x ln x e^x y^x	Gewinnspannenrechnung Verkaufspreise Kosten Gewinnspanne (Gewinnspanne = (Verkaufspreis − Selbstkosten)/ Verkaufspreis)	Einfache Zinsen Zinseszinsen (Nominal-, Effektivzinsen) Sparen Sparbriefe Schatzbriefe Festgeldanlagen Prämienbegünstigtes Sparen Rentenrechnung Bausparen Ratenkredite Tilgungsrechnung (Zins- und Tilgungspläne) Wertpapiere (Effektivverzinsung) Investitionsrechnung Abschreibung	Mittelwert Standardabweichung Varianz lineare Regression Trendlinienanalyse Korrelation exponentielle Regression (für ein- und zweidimensionale Zahlenfelder)

Abb. 1.1 Vergleichende Übersicht der Betriebsarten und deren Anwendungsbereiche

Die [x ⇄ y]-Taste vertauscht die angezeigte Zahl mit dem Inhalt des y-Registers. Dies ist für die Eingabe zweidimensionaler Daten in statistischen Berechnungen (siehe Teil III) und bei einigen finanzmathematischen Anwendungen (siehe Teil II) nützlich.

Mit der Festkomma-Taste [FIX] kann man eine feste Anzahl von Dezimalstellen hinter dem Dezimalpunkt wählen. Da der Rechner intern immer mit 11 Stellen rechnet, hat die Wahl fester Dezimalstellen keinen Einfluß auf die Genauigkeit der Berechnungen. Drückt man die Tastenfolge [FIX] 8 oder [FIX] 9, so wird auf Fließkomma umgeschaltet.

1.4 Löschen der Speicherinhalte

Es gibt zwei Möglichkeiten, Speicherinhalte zu löschen:

- Löschen des Speichers durch Speicherung einer Null über die Tastenfolge [ON/C] [STO].
- Löschen der Modus-Register durch [2nd] [CMR] oder durch Veränderung der Betriebsart über [2nd] [Mode].

Drückt man die Taste [ON/C] vor einer Funktions- oder Operationstaste, so wird die falsche Zahleneingabe in der Anzeige entfernt und man kann die richtige Zahl neu eingeben. Wird die Taste nach einer Funktions- oder Operationstaste (einschließlich [=]) gedrückt, so werden die Anzeige, die Konstante und jede noch nicht abgeschlossene Operation gelöscht.

Der Speicher und die Modusregister werden durch diese Taste nicht beeinflußt.

1.5 Technische Besonderheiten

1.5.1 Constant Memory

Ein großer Vorzug des Rechners besteht unter anderem darin, daß er beim Abschalten die Daten in den Speichern im Gedächtnis behält (Constant Memory). Dadurch bleiben im ausgeschalteten Zustand die Betriebsart und alle in diesen Modus vor dem Abschalten eingegebenen Daten, die letzte Konstante, der Speicher und die Wahl der Dezimalstellen erhalten.

1.5.2 Automatische Stromsparschaltung

Der Rechner schaltet sich automatisch ab, wenn 5 bis 15 Minuten lang keine Taste gedrückt wird. Die Abschaltung wirkt sich so aus, als ob man die Taste [OFF] gedrückt hätte.

Diese Eigenschaft kann die Lebensdauer der Batterien um bis zu 50 % erhöhen bei einer normalen Betriebsdauer von 1000 Stunden. Die automatische Stromsparschaltung kann aufgehoben werden, indem man beliebige Tasten der zweiten, vierten und fünften Tastenreihe gleichzeitig drückt, z.B. [7] [9] [x].

Wird der Rechner mit [OFF] abgeschaltet, wird die automatische Stromsparschaltung wieder wirksam.

2 Mathematische Funktionen

2.1 Arithmetische Operationen und Funktionen

In Abbildung 1 sind die möglichen mathematischen Operationen und Funktionen dargestellt. Sie können, bis auf Einschränkungen beim Rechnen mit der Konstanten [K] (siehe Abschnitt 2.3), in jedem Modus verwendet werden.

Die Aufgabe wird so eingetastet, wie sie geschrieben wird. Gibt man eine der arithmetischen Operationen [+], [−], [x], [÷], [y^x] oder [Δ%] ein, so wird die vorhergehende Operation abgeschlossen.

Es ist ratsam, vor Beginn jeder neuen Aufgabe [ON/C] zu drücken, damit der Rechner gelöscht ist. Nach Betätigung der Taste [=] ist dies nicht notwendig, da das vorhergehende Ergebnis automatisch gelöscht wird.

Eingabefehler lassen sich leicht verbessern:
Bei Funktionen tastet man unmittelbar danach die richtige arithmetische Funktion ein, bei Daten korrigiert man über [ON/C] und Neueingabe.

Beispiel:

Bei einem Kapitaleinsatz von 456 000 DM soll eine jährliche Kosteneinsparung von 110 000 DM möglich sein (siehe Beispiel in Kapitel 5 Investitionsrechnung). Wie groß ist die Amortisationsdauer?

Für die Amortisationsdauer einer Investition gilt folgende Formel:

$$\text{Amortisationsdauer} = \frac{\text{Kapitaleinsatz}}{\text{jährliche Kosteneinsparung}} \qquad (2.1\text{-}1)$$

Rechnerprogramm:

Eingabe	Taste(n)	Anzeige	Bemerkungen
	[ON/C]	0	Einschalten des Rechners
	[FIX] 2	0.00	Wahl zweier Dezimalstellen
456000 [x] ↑ Falscheingabe	[÷] ↑ Korrektur einer arithmetischen Anweisung	456000.00	Kapitaleinsatz
110000	[=]	4.15	Amortisationszeit in Jahren
[−] 4 [x] 365	[=]	53.09	Berechnung der Tage über 4 Jahre hinaus
Ergebnis: Die Amortisationsdauer beträgt 4 Jahre und 53 Tage			

Beispiel:

Für die Kapitalrendite (Return On Investment = ROI) gilt folgende Formel:

$$\text{Kapitalrendite} = \frac{\text{Gewinn}}{\text{Gesamtkapital}}$$

$$\text{Kapitalrendite} = \boxed{\frac{\text{Gewinn}}{\text{Umsatz}}} \times \boxed{\frac{\text{Umsatz}}{\text{Gesamtkapital}}} \qquad (2.1\text{-}2)$$

↑ Umsatz-Gewinnrate x ↑ Kapitalumschlag

Ein Unternehmen erwirtschaftet einen Gewinn von 2 Mio DM bei einem Umsatz von 1,8 Mio DM und einem Gesamtkapital von 1,5 Mio DM. Wie groß ist die Umsatzgewinnrate, der Kapitalumschlag und die Kapitalrendite?

Rechnerprogramm:

Eingabe	Taste(n)	Anzeige	Bemerkungen
2 [÷] 1.8 [=]		1.11	Umsatz-Gewinnrate
[x] 1.8 [÷] 1.5 [=]		1.33	Kapitalrendite
	[ON/C]	0	Löschen vor neuer Berechnung
1.8 [÷] 1.5 [=]		1.20	Kapitalumschlag

Beispiel:

Für die optimale Bestellmenge gilt folgende Formel:

$$x_{opt} = \sqrt{\frac{200 \cdot K_{fix} \cdot x_{ges}}{i \cdot p}} \qquad (2.1\text{-}3)$$

Dabei ist:

K_{fix} Fixe Bestellkosten in DM/Bestellung

x_{ges} Jahresbedarf in Einheiten/Jahr

i Lagerprozentsatz (für Kapitalbindung und Lagerkosten)

p Stückpreis in DM/Stück

Berechnen Sie die optimale Bestellmenge bei K_{fix} = 150 DM pro Bestellung, einem Jahresbedarf von x_{ges} = 100 000 Stück, einem Lagerprozentsatz i = 18 % und einem Stückpreis von 23 DM/Stück.

Rechnerprogramm:

Eingabe	Taste(n)	Anzeige	Bemerkungen
	[FIX] 0	0	kein Dezimalpunkt
200 [+] ↑ Falsch-eingabe	[x] 150 ↖ Korrektur einer arithmetischen Funktion		
[x] 100000	[÷]	3. 09	Zähler in Exponential-darstellung
15 [ON/C] ↑ Falscheingabe und Korrektur ↓	eines Zahlenwertes	0	
18 [÷] 23	[=]	7246377	Wurzelwert
	[2nd] [$\sqrt{x}$]	2692	optimale Bestellmenge

Beispiel:

Im Jahre 1978 betrug das Durchschnittseinkommen 29 405 DM pro Beschäftigten.

a) Wieviel wird ein Beschäftigter bei einer jährlichen Lohnsteigerung von 6 % im Jahre 2000 verdienen?

b) Welcher durchschnittlichen jährlichen Lohnsteigerung entspräche ein Verdienst von 50 000 DM im Jahr 2000?

Es gelten folgende Formeln:

a) $$a_n = a_1 \cdot q^{n-1} \qquad (2.1\text{-}4)$$

b) $$q = \sqrt[n-1]{\frac{a_n}{a_1}}$$ Formel (2.1-4) nach q aufgelöst

$$q = \left(\frac{a_n}{a_1}\right)^{1/(n-1)} \qquad (2.1\text{-}5)$$

Dabei ist:

a_n Betrag nach n Jahren

a_1 Betrag im 1. Jahr

$q = (1 + i)$ Wachstumsfaktor mit $i = \frac{p}{100}$ (p Wachstum in Prozent)

n Anzahl der Jahre

In unserem Beispiel ist:

a) $a_1 = 29\,405$ DM, $q = 1{,}06$, $n = 22$, $a_n = ?$, mit Gleichung a)

b) $a_1 = 29\,405$ DM, $a_n = 50\,000$ DM, $n = 22$, $q = ?$, mit Gleichung b)

Rechnerprogramm:

Eingabe	Taste(n)	Anzeige	Bemerkungen
	FIX 2	0.00	Wahl zweier Dezimalstellen
	Berechnung des Verdienstes im Jahr 2000		
1.06	2nd y^x 21 =	3.40	
x 29405	=	99964.17	Verdienst im Jahr 2000
	Berechnung der jährlichen Lohnsteigerung		
50000	÷ 29405 =	1.70	a_n/a_1
	2nd y^x 21 1/x =	1.03	Steigerungsfaktor q
	FIX 9	1.0256012	genaue Lohnsteigerung 2.56 %

2.2 Prozent % und Prozentänderung Δ%

Die Prozenttaste % dividiert einen eingetippten Wert durch Hundert. Wird z.B. 13 % eingetippt, so erscheint in der Anzeige 0.13.

In Verbindung mit der Taste + oder − können prozentuale Zuschläge oder Abschläge errechnet werden. Bei Verwendung der Taste x oder ÷ können direkte und umgekehrte Prozentsatzaufgaben gelöst werden.

Beispiel für Prozentzu- oder -abschläge:

a) Berechnen Sie den Verkaufspreis einer Ware bei einem Warenwert von 118,50 DM und 13 % Mehrwertsteuer.

b) Der Verkaufspreis einer Ware beträgt 768,13 DM. Wie groß ist die Forderung bei 12 % Vorführrabatt und 3 % Skonto?

Rechnerprogramm:

Eingabe	Taste(n)	Anzeige	Bemerkungen
	Prozentzuschlag		
	FIX 2	0.00	Wahl zweier Dezimalstellen
118.5	+ 13 %	15.41	Mehrwertsteuerbetrag
	=	133.91	Verkaufspreis
	Prozentabschlag		
768.13	− 12 %	92.18	Rabattbetrag
	=	675.95	Forderung
	− 3 %	20.28	Skontobetrag
	=	655.68	Forderung nach Skontoabzug

Beispiel für direkten und umgekehrten Prozentsatz:

a) Für einen Auftrag braucht man 850 M8-Schlüsselschrauben. Im Lager sind nur noch 30 % (30 % von 850). Wieviel muß der Einkauf bestellen?

b) Mit 204 Sendungen wurden 40 % der Empfänger erreicht. Wie viele Sendungen sind nötig, um alle Empfänger zu erreichen? (204 sind 40 % von welcher Zahl?).

Rechnerprogramm:

Eingabe	Taste(n)	Anzeige	Bemerkungen
	direkter Prozentsatz		
850 [x] 30	[%] [=]	255	Anzahl der Lagerteile
[+/−] [+] 850	[=]	595	zu bestellende Teile
	indirekter Prozentsatz		
204 [÷] 40	[%] [=]	510	notwendige Sendungen
[−] 204	[=]	306	noch zu verschickende Sendungen

Mit der Taste [Δ%] können prozentuale Änderungen zwischen zwei Werten x_1 und x_2 berechnet werden. Dies geschieht nach folgender Formel:

$$\Delta\% = \left(\frac{x_1 - x_2}{x_2}\right) \cdot 100 \qquad (2.2\text{-}1)$$

Für den Rechner gilt die Tastenfolge: x_1 [2nd] [Δ%] x_2 [=].

Die prozentuale Änderung wird immer auf den 2. Eingabewert bezogen. Werden die Eingabewerte vertauscht, so vertauschen sich entsprechend die Indizes der Formel und der Eingabetasten.

Beispiel:

Der Umsatz der Industrie betrug 1978 1000,54 Mrd DM, im Vergleich zu 963,13 Mrd DM im Jahre 1977. Wie groß war die prozentuale Umsatzsteigerung der Industrie?

Rechnerprogramm:

Eingabe	Taste(n)	Anzeige	Bemerkungen
	[FIX] 2	0.00	Wahl zweier Dezimalstellen
1000.54	[2nd] [Δ%] 963.13		
	[=]	3.88	Umsatzsteigerung in %

2.3 Wiederkehrende Berechnungen mit der Konstanten-Taste [K]

Mit der Konstanten-Taste [K] kann man Zahlen und Operationen, die sich mehrmals wiederholen, speichern. Die sich wiederholende Operation legt man dadurch fest, daß man nach einer arithmetischen Operation die Konstanten-Taste [K] drückt. Der Operand in der Anzeige wird als konstante Zahl gespeichert, wenn man die Taste [=] drückt.

Die Tabelle 2.1 zeigt, welche Möglichkeiten diese Funktion des Rechners bietet und wie die zugehörige Tastenfolge aussieht:

Tabelle 2.1

Bei jeder Eingabe wird	Tastenfolge
eine Zahl addiert	1. Eingabe [+] [K] Zahl [=]
eine Zahl subtrahiert	1. Eingabe [−] [K] Zahl [=]
mit der Zahl multipliziert	1. Eingabe [x] [K] Zahl [=]
durch die Zahl dividiert	1. Eingabe [÷] [K] Zahl [=]
Zahl % addiert	1. Eingabe [+] [K] Zahl [%] [=]
Zahl % subtrahiert	1. Eingabe [−] [K] Zahl [%] [=]
der %-Unterschied berechnet nach: $\Delta\% = \frac{\text{Eingabe} - \text{Zahl}}{\text{Zahl}}$	1. Eingabe [2nd] [Δ%] [K] Zahl [=]

Die Konstantentaste [K] kann auch nach Eingabe der Zahl gedrückt werden. Wichtig ist jedoch, daß sie nach der arithmetischen Operation, die sich wiederholen soll, gedrückt wird.

Die Konstante kann gelöscht oder geändert werden, indem man nach [K] eine andere Operationstaste oder [ON/C] drückt.

Soll eine neue Zahl eingelesen werden, so wird sie daran anschließend (siehe folgendes Rechnerprogramm) eingetastet und [=] gedrückt. Dann führt der Rechner die sich wiederholende Operation mit der neuen Zahl aus.

Auch nach dem Ausschalten bleibt die konstante Operation durch das Constant Memory gespeichert. Beim Einschalten darf die [ON/C] -Taste nur einmal gedrückt werden, da sonst die Konstante gelöscht wird.

Beispiel:

Multiplizieren Sie die Zahlen 4, 6, 18 und 24 mit der Zahl 1,75; dividieren Sie danach dieselben Zahlen durch 2,28.

Rechnerprogramm:

Eingabe	Taste(n)	Anzeige	Bemerkungen
	[FIX] 9	0	Fließkomma
4 [x] [K] 1.75	[=]	7	
6	[=]	10.5	
18	[=]	31.5	
24	[=]	42	
	[ON/C]	0	Löschen der Konstanten und der Operation
4 [÷] [K] 2.28	[=]	1.754386	
6	[=]	2.6315789	
18	[=]	7.8947368	
	[OFF] [ON/C]	0	Aus- und Einschalten
24	[=]	10.526316	

Beispiel:

Addieren Sie zu folgenden Nettobeträgen 13 % Mehrwertsteuer: 18,28 DM; 27,41 DM; 106,54 DM und 338,48 DM.

Ziehen Sie daran anschließend von obigen Beträgen 13 % Mehrwertsteuer ab.

Rechnerprogramm:

Eingabe	Taste(n)	Anzeige	Bemerkungen
	[FIX] 2	0.00	Wahl zweier Dezimalstellen
18.28 [+] [K] 13 [%]	[=]	20.66	
27.41	[=]	30.97	
106.54	[=]	120.39	
338.48	[=]	382.48	
	[ON/C]		Löschen der Konstanten
18.28 [−] [K] 13 [%]	[=]	15.90	
27.41	[=]	23.85	
106.54	[=]	92.69	
338.48	[=]	294.48	

Weitere Anwendungsmöglichkeiten sind in Abschnitt 6.1 und 6.2 bei der linearen und degressiven Abschreibung aufgezeigt (S. 107 ff.).

Beispiel:

Der arithmetische Mittelwert $\bar{x}$ beträgt 8,76. Bestimmen Sie die prozentuale Abweichung vom Mittelwert für folgende Meßergebnisse: 9,18; 10,13; 5,46; 7,98.

Rechnerprogramm:

Eingabe	Taste(n)	Anzeige	Bemerkungen
9.18	[2nd] [Δ%] [K] 8.76 [=]	4.79	% Abweichung
10.13	[=]	15.64	
5.46	[=]	−37.67	
7.98	[=]	−8.90	

Bemerkungen zur Konstanten-Taste [K]:

Die Konstante ist im y-Register gespeichert. Deshalb können bei Rechnungen mit der Anzeige-Speicher-Austauschtaste [x ⇄ y] Fehler auftreten.

Bei Eingabe einer Variablen wird die Konstante im Statistik-Modus gelöscht, im Finanzmodus bei einer Finanzberechnung.

2.4 Rechnen mit Speichertasten

Drückt man die Taste [STO], so wird die Zahl, die in der Anzeige steht, im eingebauten Rechenspeicher abgespeichert, wobei die Zahl in der Anzeige stehen bleibt. Dadurch wird jeder zuvor gespeicherte Wert gelöscht.

Durch Drücken der Taste [RCL] wird der gespeicherte Wert wieder angezeigt.

Der Speicherinhalt wird, wie in Abschnitt 1.4 erwähnt, nicht durch die Tasten [ON/C], [2nd] [Mode], [2nd] [CMR] oder [OFF] gelöscht oder geändert.

Die Speicheroperationen sind völlig unabhängig von den Berechnungen und Betriebsarten, so daß sie an jeder Stelle in jeder Betriebsart eingesetzt werden können.

Beispiel:

Für eine Produktgruppe beträgt der Umsatz 1,6 Millionen DM und der Deckungsbeitrag 400 000 DM.

(Der Deckungsbeitrag ist die Differenz aus Umsatz und den variablen Kosten. Er dient zur Deckung der fixen Kosten, bzw. als Gewinnbeitrag.)

a) Berechnen Sie bei einer Stückzahl s von 100 000 Stück die variablen Stückkosten.

b) Wie groß ist der Deckungsbeitrag pro Umsatz?

Es gelten folgende Formeln:

Gesamt:

Umsatz (U) = variable Kosten (K_{var}) + Deckungsbeitrag (DB)

$$U = K_{var} + DB \tag{2.4-1}$$

$$K_{var} = U - DB \tag{2.4-2}$$

Pro Stück:

$$\frac{K_{var}}{s} = \frac{U - DB}{s} \tag{2.4-3}$$

$$\text{Deckungsbeitrag pro Umsatz} = \frac{DB}{U} \tag{2.4-4}$$

Rechnerprogramm:

Eingabe	Taste(n)	Anzeige	Bemerkungen
	[FIX] 2	0.00	Wahl zweier Dezimalstellen
1600000 [−] 400000 [=]	[STO]	1200000.0	Ermitteln der variablen Kosten und Abspeichern des Deckungsbeitrages
[÷] 100000 [=]		12.00	Variable Stückkosten
	[OFF]		Abschalten
	[ON/C] [RCL]	1200000.0	Anschalten und Speicherabruf
[÷] 1600000 [=]		0.75	Deckungsbeitrag pro Umsatz

Mit der Taste [SUM] wird die in der Anzeige stehende Zahl zu der im Speicher befindlichen Zahl addiert.

Bei Beginn einer Aufgabe sollte man daher den Speicherinhalt mit [ON/C] [STO] löschen (siehe Abschnitt 1.4) oder den ersten Wert einer laufenden Berechnung mit [STO] und nicht mit [SUM] abspeichern.

Beispiel:

Berechnen Sie: $(16:9 + 7 \cdot 13 - 4 + 8:9) \cdot 4$

Rechnerprogramm:

Eingabe	Taste(n)	Anzeige	Bemerkungen
	FIX 2	0.00	Wahl zweier Dezimalstellen
16 ÷ 9 =	STO	1.78	Speichern des 1. Ausdrucks
7 x 13 − 4 =	SUM	87.00	Addieren zum Speicher
8 ÷ 9 =	SUM	0.89	Addieren zum Speicher
	RCL	89.67	Rückruf des Klammerausdrucks
	x 4 =	358.67	Ergebnis

Die Verwendung der Tasten STO, SUM und RCL erhöhen die Flexibilität des Rechners sehr und spielen in vielen Anwendungsfällen der nächsten Kapitel eine große Rolle, so z.B. bei Abschreibungsplänen, Zeitreihen für Produktionsmittel (s. Abschnitt 6) oder in der Investitionsrechnung (s. Abschnitt 5).

Drückt man die Taste EXC, so werden Speicherinhalt und Anzeige ausgetauscht. Das bedeutet, die angezeigte Zahl wird abgespeichert und der bisherige Speicherinhalt angezeigt.

Dadurch wird es möglich, zwei Ergebnisse miteinander zu vergleichen, ohne eines davon notieren zu müssen.

Beispiel:

Für einen Fertigungsauftrag benötigt man 2200 Aluminiumgehäuse. Zwei Angebote sollen verglichen werden: Angebot 1: 3000 Gehäuse zu 3690 DM und Angebot 2 : 5000 Gehäuse zu 5900 DM. Welches Angebot ist günstiger?

Rechnerprogramm:

Eingabe	Taste(n)	Anzeige	Bemerkungen
	FIX 9	0	Fließkommawahl
3690 ÷ 3000 =	STO	1.23	Speicherung des Gehäusepreises für Angebot 1
5900 ÷ 5000 =		1.18	Gehäusepreis für Angebot 2
	EXC	1.23	Gehäusepreis für Angebot 1
	− RCL =	0.05	Einsparung pro Gehäuse in DM
x 2200 =		110	Einsparung für den Fertigungsauftrag bei Angebot 2 (in DM)

3 Errechnung von Gewinnspannen und ähnlichen Verhältniszahlen

3.1 Allgemeine Hinweise

Der Rechner muß dazu in der Betriebsart Normalfunktion arbeiten. Das erreicht man, indem man [2nd] [Mode] solange drückt, bis in der linken Ecke der Anzeige nur das Batterieladesymbol ▲ steht. Für den Rechner sind jetzt folgende Gewinnspannen-Tasten eingabebereit (s. Abschnitt 1.1):

[CST] Selbstkostenpreis

[SEL] Verkaufspreis

[MAR] Gewinnspanne (Marge)

3.2 Gewinnspannenfunktion

Die Gewinnspanne wird folgendermaßen berechnet:

$$\text{Gewinnspanne (\%)} = \left(\frac{\text{Verkaufspreis} - \text{Selbstkostenpreis}}{\text{Verkaufspreis}}\right) \cdot 100 \qquad (3.2\text{-}1)$$

oder in den Tastensymbolen ausgedrückt:

$$\boxed{\text{MAR}} = \left(\frac{\boxed{\text{SEL}} - \boxed{\text{CST}}}{\boxed{\text{SEL}}}\right) \cdot 100 \qquad (3.2\text{-}2)$$

Der Unterschied dieser Formel zur Berechnung von Prozentunterschieden [Δ%] besteht darin, daß bei der Berechnung der Gewinnspanne der prozentuale Unterschied auf die erste Größe im Zähler bezogen wird. Die [Δ%] -Formel bezieht den prozentualen Unterschied auf die zweite Größe im Zähler (siehe Kapitel 2.2).

Von den drei Größen [CST], [SEL] und [MAR] können zwei über die entsprechenden Tasten eingegeben werden. Die gesuchte Größe wird vom Rechner selbst ermittelt, indem man vor der gesuchten Größe die Taste [2nd] drückt.

Beispiel:

Die Herstellkosten eines Frästeiles betragen 38,20 DM pro Stück.

a) Wie hoch muß man bei einer Gewinnspanne von 18 % den Verkaufspreis ansetzen?

b) Auf dem Markt sind nur 43,20 DM durchsetzbar. Wie groß ist dann die Gewinnspanne?

c) Zu welchen Herstellkosten müßte man bei einem Marktpreis von 43,20 DM pro Stück produzieren, um eine Gewinnspanne von 18 % zu erzielen?

Rechnerprogramm:

Eingabe	Taste(n)	Anzeige	Bemerkungen
	[2nd] [Mode]	▲0	Solange diese Tastenfolge wiederholen, bis ▲ in der Anzeige erscheint
	[FIX] 2	0.00	Wahl zweier Dezimalstellen
Berechnen des Verkaufspreises in DM/Stück			
38.2	[CST]	38.20	Eingabe d. Herstellkosten
18	[MAR]	18.00	Eingabe d. Gewinnspanne in %
	[2nd] [SEL]	46.59	Verkaufspreis in DM/Stück
Berechnen der Gewinnspanne in %			
38.2	[CST]	38.20	Eingabe d. Herstellkosten
43.2	[SEL]	43.20	Eingabe d. Marktpreises
	[2nd] [MAR]	11.57	Berechnen der Gewinnspanne (%)
Berechnen der Herstellkosten in DM/Stück			
43.2	[SEL]	43.20	Eingabe d. Marktpreises
18	[MAR]	18.00	Eingabe d. Gewinnspanne
	[2nd] [CST]	35.42	Berechnen der Herstellkosten in DM/Stück

Übungsaufgabe Ü3.2:

Ein Halbzeug kostet bei Eigenfertigung 738,50 DM und bei Fremdbezug 812,60 DM.

a) Wie groß ist die Gewinnspanne bei Eigenfertigung?

b) Wie groß dürften die Herstellkosten bei einer Gewinnspanne von 15 % sein?

c) Wie hoch müßte der Marktpreis bei einer Gewinnspanne von 15 % liegen?

3.3 Deckungsbeitrag pro Umsatz in Prozent

Es gibt neben der Gewinnspanne noch Verhältniszahlen, die die gleiche Struktur aufweisen, z.B. der Deckungsbeitrag pro Umsatz (DB/U) in %.

$$\frac{DB}{U}(\%) = \left(\frac{\text{Umsatz} - \text{variable Kosten}}{\text{Umsatz}}\right) \cdot 100 \qquad (3.3\text{-}1)$$

Beispiel:

Ein Artikel erzielt einen Jahresumsatz von 760 000 DM bei variablen Kosten von 580 000 DM.

a) Berechnen Sie den Deckungsbeitrag pro Umsatz in %.

b) Wie groß dürfen die variablen Kosten sein, wenn ein DB/U von 28 % erreicht werden soll?

Rechnerprogramm:

Eingabe	Taste(n)	Anzeige	Bemerkungen
	FIX 2	0.00	Wahl zweier Dezimalstellen
Berechnung des Deckungsbeitrages pro Umsatz			
760000	SEL	760000.00	Eingabe des Umsatzes
580000	CST	580000.00	Eingabe der variablen Kosten
2nd	MAR	23.68	Deckungsbeitrag pro Umsatz (in %)
Berechnung der variablen Kosten in DM			
760000	SEL	760000.00	Eingabe des Umsatzes
28	MAR	28.00	Eingabe des DB/U in %
2nd	CST	547200.00	Berechnung der variablen Kosten in DM

Teil II Finanzmathematische Funktionen

4 Allgemeine Hinweise

Mit Hilfe finanzmathematischer Verfahren ist es möglich, z.B. die Zinserträge von Geldanlagen aller Art, die Effektivverzinsung und die Zinsaufwendungen für Raten- und Kontokorrentkredite, die Tilgungszeiten von Hypotheken und Grundschulden, sowie die auf Zinsen und Tilgung entfallenden Anteile einzelner Zins- und Tilgungsraten (Annuitäten) zu ermitteln.

Ohne technische Hilfsmittel sind die dazu erforderlichen Rechnungen häufig sehr langwierig. Mit Hilfe des Taschenrechners TI-44 lassen sie sich dagegen schnell und sicher durchführen.

Für finanzmathematische Berechnungen sind bei eingeschaltetem Rechner so lange die Tasten [2nd] [Mode] zu drücken, bis in der Anzeige das Zeichen ▲FIN erscheint. Damit ist der Betriebsmodus Finanzmathematik eingeschaltet. Außerdem löscht die Tastenfolge [2nd] [Mode] alle Register. Arbeitet der Rechner bereits auf dem Modus Finanzmathematik, so sollten zur Löschung aller Register vor Beginn einer neuen Rechnung die Tasten [2nd] [CMR] gedrückt werden.

Wie bereits erläutert, kann mit Hilfe der Taste [FIX] die Zahl der gewünschten Kommastellen festgelegt werden. Sofern nichts anderes gesagt wird, werden alle Beispiele des 4. Kapitels auf zwei Stellen genau gerechnet ([FIX] 2).

4.1 Zinsrechnung

4.1.1 Grundlagen und allgemeine Symbole

Der Zins ist der Preis für die entgeltliche Überlassung eines Geldbetrages (Kapitals). Die Angabe des Preises erfolgt als Zinssatz (Zinsfuß), d.h. in Form eines Prozentsatzes (also pro 100,– DM). Die Angabe bezieht sich normalerweise auf ein Kalenderjahr. In diesem Normalfall wird von jährlicher Verzinsung gespochen. Dabei wird das Jahr in Deutschland von Kaufleuten (also auch z.B. von Banken, Sparkassen und Versicherungen) immer zu 360 Tagen, unter Nichtkaufleuten zu 365 Tagen gerechnet. Im folgenden wird von den Bräuchen der Kaufleute ausgegangen.

Wird ein Kapital bei jährlicher Verzinsung für weniger als ein Jahr angelegt, so werden die Zinsen anteilig berechnet. Für sechs Monate wird also z.B. die Hälfte, für drei Monate ein Viertel und für einen Monat ein Zwölftel des Jahreszinses vergütet. Dabei wird der Monat von Kaufleuten immer zu 30 Tagen (also auch der Februar und der Dezember), von Nichtkaufleuten dagegen i.d.R. mit der tatsächlichen Zahl der Tage berechnet. Bruchteile eines Monats werden immer mit der genauen Anzahl der Tage angesetzt.

Ferner ist zu beachten, daß bei der Zinsrechnung, wenn nichts anderes vereinbart ist, für die Ermittlung des Zeitraums der Kapitalüberlassung zwar der Tag der Rückzahlung mitgezählt wird, nicht aber der Tag der Einzahlung.

Beispiele:

Einzahlung	Auszahlung	Zahl der Tage
10. Januar 1980	6. März 1980	56 (Januar 20, Februar 30, März 6)
8. Juli 1980	29. April 1981	291 (Juli 22, April 29, restliche acht Monate je 30)

Bezieht sich der Zinssatz nicht wie normalerweise üblich auf ein Kalenderjahr, sondern auf einen kürzeren Zeitraum, also z.B. auf einen Monat oder auf ein Vierteljahr, so liegt eine unterjährliche Verzinsung vor. Für Bruchteile einer unterjährlichen Periode wird wieder anteilig gerechnet.

Wird nur das überlassene Kapital verzinst, werden die Zinsen nach Ablauf einer Zinsperiode also ausgezahlt oder einem unverzinslichen Konto gutgeschrieben, so liegt eine einfache Verzinsung vor. Werden die nach Ablauf einer Periode angefallenen Zinsen dagegen dem Kapital zugeschlagen, so daß sich das zu verzinsende Kapital für die folgende Periode entsprechend erhöht, so wird von der Zahlung von Zinseszinsen (Zinseszinsrechnung) gesprochen.

Wie bereits erwähnt, werden die Zinsen normalerweise am Ende der üblichen oder vereinbarten Periode ausbezahlt oder gutgeschrieben. Dieser Fall wird als nachschüssige Verzinsung bezeichnet. Erfolgt die Zinsgutschrift dagegen quasi als Vorschuß auf die anschließende Kapitalüberlassung, also im voraus, so liegt eine *vorschüssige* Verzinsung vor. Dabei handelt es sich um besondere Ausnahmefälle.

Schließlich ist noch zwischen Nominalzinsfuß und Effektivzinsfuß zu unterscheiden. Der Nominalzinsfuß ist dabei derjenige Zinsfuß, der für die Kapitalüberlassung für ein Kalenderjahr vereinbart wurde, und zwar ohne Rücksicht auf Nebenabreden, welche z.B. die Fälligkeit der Zinsen betreffen können. Der Effektivzinsfuß ist dagegen derjenige Zinsfuß, der sich auf ein Kalenderjahr bezogen ergibt, wenn die tatsächlich bezahlten Zinsen unter Berücksichtigung von Nebenabreden zu dem eingesetzten Kapital in Beziehung gesetzt werden. So entspricht z.B. ein Nominalzins von 6 % bei vierteljährlicher Zinsbelastung einem Effektivzins von 6,1364 %. Auf die Unterscheidung zwischen Effektiv- und Nominalverzinsung wird in den einzelnen Abschnitten jeweils noch zurückzukommen sein.

Aus der folgenden Aufstellung sind die wichtigsten Symbole der Zinsrechnung ersichtlich. Diese Symbole werden durchgehend mit gleichbleibender Bedeutung verwendet.

Symbole	Bedeutung
K_0	Anfangskapital (gegen Zinsen überlassener Geldbetrag)
t	Anzahl der Tage von der Geldhingabe bis zur Rückzahlung
n	Zahl der Zinsperioden (in Jahren)
K_n	Endkapital nach n Zinsperioden
p	Zinsfuß oder Zinssatz (je 100 DM)
i	Zinssatz für 1 DM $\left(\text{es gilt } i = \frac{p}{100}\right)$
Z	Zinsbetrag in DM

4.1.2 Einfache Verzinsung

4.1.2.1 Einfache jährliche Verzinsung

Für die Ermittlung einfacher Zinsen wird üblicherweise mit folgender Formel gearbeitet:

$$Z = \frac{K_0 \cdot t \cdot p}{360 \cdot 100} = \frac{K_0 \cdot t}{100} : \frac{360}{p} \tag{4.1-1}$$

Zinszahl : Zinsdivisor

(Statt K_0 wird bei der einfachen Zinsrechnung meist nur K geschrieben.
Aus der Formel (4.1-1) folgt:

$$K_0 = \frac{Z \cdot 36000}{t \cdot p} \tag{4.1-2}$$

$$t = \frac{Z \cdot 36000}{K_0 \cdot p} \tag{4.1-3}$$

$$p = \frac{Z \cdot 36000}{t \cdot K_0} \tag{4.1-4}$$

Ferner gilt:

$$K_n = K_0 + Z \tag{4.1-5}$$

$$Z = K_n - K_0 \tag{4.1-6}$$

Für die Arbeit mit dem Taschenrechner TI-44 sind diese Formeln verhältnismäßig ungünstig. Es soll deshalb ein für den Rechner besser geeigneter Formelapparat entwickelt werden.

Stimmt die Anlagedauer mit der Zinsperiode überein, so gilt:

$$Z = \frac{K_0 \cdot p}{100} = K_0 \cdot i \qquad (4.1\text{-}7)$$

Nach Formel (4.1-5) gilt ferner $K_n = K_0 + Z$. Bezeichnet man das Endkapital nach der ersten Periode mit K_1, nach der zweiten Periode mit K_2 usw., so gilt

$$K_1 = K_0 + K_0 \cdot i = K_0 (1 + i)$$
$$K_2 = K_0 + 2 \cdot K_0 \cdot i$$

Da n aber die Zahl der Zinsperioden angibt, gilt allgemein:

$$K_n = K_0 + n \cdot K_0 \cdot i = K_0 [1 + (n \cdot i)] \qquad (4.1\text{-}8)$$

Dabei kann n auch als Bruchteil einer Zinsperiode ausgedrückt werden (z.B. 0,6 Jahre).

Aus der Formel (4.1-8) folgt:

$$K_0 = \frac{K_n}{1 + n \cdot i} \qquad (4.1\text{-}9)$$

Ferner gilt:

$$Z = n \cdot K_0 \cdot i \qquad (4.1\text{-}10)$$

Daraus folgt:

$$n = \frac{Z}{K_0 \cdot i} \qquad (4.1\text{-}11)$$

$$i = \frac{Z}{K_0 \cdot n} \qquad (4.1\text{-}12)$$

$$p = i \cdot 100 \quad \text{(gemäß Definition)}$$

Wichtiger Hinweis:

Die Funktionstasten [%i], [PV] und [FV] des Rechners sind auf Zinseszinsen programmiert und deshalb für einfache Zinsrechnungen nicht einsetzbar.

Beispiel:

Auf einem Sparbuch werden zum 1. Januar 1200,– DM angelegt. Die Zinsen werden sofort auf ein Girokonto übertragen. Welcher Zinsbetrag wurde auf dem Sparbuch in drei Jahren erwirtschaftet, wenn der Zinsfuß gleichbleibend 4 % betrug?

Lösungshinweis: Es gilt die Formel (4.1-10).

Rechnerprogramm:

Eingabe	Taste(n)	Anzeige	Bemerkungen
	[2nd] [CMR]	0.00	Registerlöschung
3 [x] 1200 [x] 4 [%]	[=]	144.00	Zinsbetrag Z

Beispiel:

Ein junger Ehemann bekommt von seiner Schwiegermutter 15 000,– DM zu einfachen Zinsen für fünf Jahre geliehen. Der Zinssatz beträgt bis zum 39. Monat (einschließlich) $2\frac{3}{4}$ % und für die Restlaufzeit $3\frac{2}{3}$ %.

a) Welcher Betrag ist zurückzuzahlen?

b) Wie hoch sind die insgesamt zu zahlenden Zinsen?

c) Zur Probe sollen im Wege der Rückrechnung die Laufzeit n und der Zinsfuß p für die Restlaufzeit ab dem 39. Monat ermittelt werden.

Lösungshinweis: Es gelten die Formeln (4.1-8) bis (4.1-12). Die Teile der Laufzeit lassen sich in Bruchteilen von n ausdrücken.

Rechnerprogramm:

Eingabe	Taste(n)	Anzeige	Bemerkungen
	[2nd] [CMR]	0.00	
1	[STO]	1.00	
39 [÷] 12 [x] 2.75	[%] [=] [SUM]	0.09	(n · i) für 39 Monate
	[RCL]	1.09	(n · 1) + 1
[x] 15000	[=]	16340.63	K_n für 39 Monate
	[STO]	16340.63	
	[ON/C]	0	
1.75 [x] 0.036666	[x] 15000 [=]	962.48	Zinsen für 21 Monate
	[SUM] [RCL] [=]		
		17303.11	K_n für 5 Jahre (Lösung a)
[−] 15000	[=]	2303.11	$K_n - K_0 = Z$ (Lösung b)
	[ON/C]	0	
	[FIX] 6	0.000000	
15000 [x] 1.75 [=]	[STO]	26250.000	($K_0 \cdot n$)
962.48	[÷] [RCL] [x] 100 [=]	3.666590	Zinsfuß (Lösung c)
[x] 15000 [÷] 100 [=]	[STO]	549.98857	($K_0 \cdot i$)
962.48	[÷] [RCL] [=]	1.750000	Laufzeit n (Lösung c)

Übungsaufgabe Ü4.1.2:

Auf einem Sparbuch gibt es folgende Ein- und Auszahlungen:

20.7.	Eröffnung und Einzahlung	200,– DM
30.9.	Einzahlung	300,– DM
21.12.	Abhebung	250,– DM
10.1.	Einzahlung	400,– DM

Wie hoch ist das Guthaben nach der letzten Einzahlung am 10.1., wenn der Zinssatz bis 30.8. 3 % und danach 3,5 % betrug?

4.1.2.2 Einfache unterjährliche Verzinsung

Wie oben bereits erklärt, bezieht sich der Nominalzinsfuß bei unterjährlicher Verzinsung nicht auf ein Kalenderjahr, sondern auf einen kürzeren Zeitraum (z.B. 3 Monate, $\frac{1}{2}$ Jahr). Da die unterjährlich zu berechneten Zinsen bei der einfachen Zinsrechnung unverzinslich angesammelt oder ausbezahlt werden, treten bei der Berechnung keine besonderen Probleme auf. Es genügt, entweder den unterjährlichen Zinsfuß auf den Jahreszinsfuß hochzurechnen oder mit der Zahl der unterjährlichen Perioden auf der Basis des unterjährlichen Zinssatzes zu rechnen. Wird die Zahl der Zinsperioden pro Jahr mit m bezeichnet, so ergibt sich die Summe der unterjährlichen Zinsperioden aus der Multiplikation der unterjährlichen Zinsperioden m mit der Anzahl der Jahre n (für n ganzzahlig).

Beispiel:

Welches Kapital muß 3 mal 60 Tage lang zu 1,4 % Zinsen je 60 Tage angelegt werden, um einschließlich Zinsen auf eine Summe von 693,97 DM anzuwachsen?

Lösungshinweis: Der Zinsfuß von 1,4 % je 60 Tage entspricht einem Jahreszins von 8,4 %. Es kann aber auch über die Gesamtzahl der unterjährlichen Perioden (m = 3) gerechnet werden. Es gilt die Formel (4.1-9).

Rechnerprogramm:

Eingabe	Taste(n)	Anzeige	Bemerkungen
	Berechnung über den Jahreszins		
	[2nd] [CMR] [FIX] 3	0.000	Wahl dreier Dezimalstellen
360	[÷] 60 [x] 1.4 [%] [=]	0.084	Jahreszinsfuß (: 100)
	[x] 0.5 [=]	0.042	Zinsfuß mal Anzahl Jahre (180 Tage = 0,5 Jahre)
	[FIX] 2	0.04	Wahl zweier Dezimalstellen
	[+] 1 [=]	1.04	1 + (n · i)
	[1/x] [x] 693.97 [=]	666.00	Anfangskapital

Berechnung über die Anzahl unterjährlicher Perioden		
[ON/C] [2nd] [CMR]	0.00	
1 [STO]	1.00	
3 [x] 1.4 [%] [=] [SUM]	0.04	(n · i) bei 3 Zinsperioden
[RCL] [STO]	1.04	1 + (n · i)
693.97 [÷] [RCL] [=]	666.00	Anfangskapital

4.1.3 Zinseszinsen

4.1.3.1 Einfache Zinsen und Zinseszinsen im Vergleich

Abbildung 4.1 zeigt das unterschiedliche Anwachsen eines Anfangskapitals von 2000,– DM bei einfacher Verzinsung oder bei Zinseszinsen von 9 %.

Man sieht sofort, daß sich bei gleicher Anlagedauer und gleichem Zinsfuß ein Kapital bei Anlage zu Zinseszinsen stärker vermehrt als bei Anlage zu einfachen Zinsen. Das bedeutet: Ein Kapital, das zu Zinseszinsen angelegt wird, erreicht in unserem Beispiel schon nach 7,5 Jahren den Wert von 3800,– DM. Dieser wird bei einfacher Verzinsung erst nach 10 Jahren erreicht (s. Abbildung 4.1).

4.1.3.2 Nachschüssige Zinseszinsrechnung

4.1.3.2.1 Jährlich-nachschüssige Zinseszinsen

In der Zinseszinsrechnung benötigt man den Aufzinsungsfaktor q oder dessen Kehrwert, den Abzinsungsfaktor v. Dabei gilt:

$$q = (1 + i) \qquad (4.1\text{-}13)$$

$$v = \frac{1}{q} \qquad (4.1\text{-}14)$$

Der Aufzinsungsfaktor q gibt an, mit welchem Faktor das Kapital K_0 periodenweise multipliziert werden muß, um zum Endkapital K_n anzuwachsen (4.1-15). Wird ein Endkapital K_n periodenweise mit dem Abzinsungsfaktor v multipliziert, so erhält man das Anfangskapital K_0 (4.1-16).

Somit gilt für die Ermittlung des Rückzahlungsbetrages K_n einer Geldanlage zu nachschüssigen Zinseszinsen:

$$K_n = K_0 (1 + i)^n = K_0 \cdot q^n \qquad (4.1\text{-}15)$$

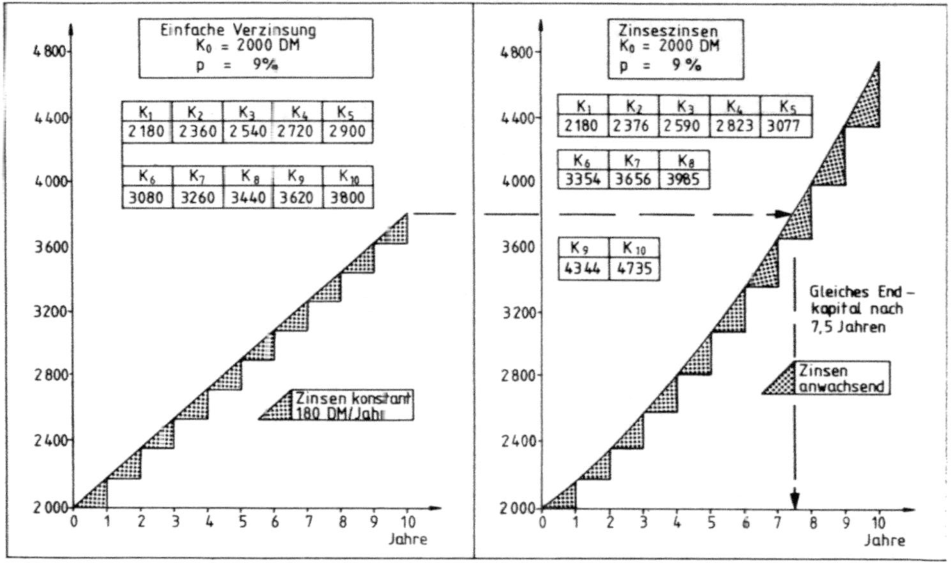

Abb. 4.1 Vergleich des Anwachsen eines Anfangskapitals bei einfacher Verzinsung oder Zinseszinsen

Aus der Auflösung der Formel (4.1-15) ergeben sich für das Anfangskapital K_0, den Zinsfaktor i und für die Anzahl der Zinsperioden n folgende Formeln:

$$K_0 = K_n \frac{1}{(1+i)^n} = \frac{K_n}{q^n} = K_n \cdot v^n \tag{4.1-16}$$

$$i = \sqrt[n]{\frac{K_n}{K_0}} - 1 \tag{4.1-17}$$

$$n = \frac{\log (K_n) - \log (K_0)}{\log (1+i)} \tag{4.1-18}$$

Die zur Lösung von Zinseszinsrechnungen mit nachschüssiger jährlicher Verzinsung notwendigen Rechenschritte sind im Rechner TI-44 weitgehend vorprogrammiert, und zwar über die Tasten [PV] (= K_0), [FV] (= K_n), [%i] (= p) und [N] (= n). Werden drei dieser Variablen in beliebiger Folge in den Rechner eingegeben, so läßt sich die vierte unbekannte Größe dadurch ermitteln, daß zuerst die Taste [2nd] und anschließend die Taste für die Unbekannte gedrückt wird.

Beispiel:

Auf welche Summe wächst ein Kapital von 730,– DM an, wenn es auf 6 Jahre zu 5 % jährlich nachschüssig zu Zinseszinsen angelegt wird?

Rechnerprogramm:

Eingabe	Taste(n)	Anzeige	Bemerkungen
	[2nd] [CMR]	0.00	
730	[PV]	730.00	angelegtes Kapital
6	[N]	6.00	Laufzeit
5	[%i]	5.00	Zinsfuß
	[2nd] [FV]	978.27	Endkapital

4.1.3.2.2 Unterjährlich-nachschüssige Zinseszinsen

Bei unterjährlicher Verzinsung gibt es m Zinsperioden pro Jahr. Bei monatlicher Verzinsung gilt also z. B. m = 12. Nach Ablauf jeder dieser unterjährlichen Perioden erfolgt die Zinsgutschrift. Die Zinsen werden also in den folgenden Perioden mitverzinst. Der auf eine unterjährliche Zinsperiode bezogene Zinsfuß heißt periodischer oder relativer Zinsfuß, für ihn steht das Symbol p^*.

Für sein Verhältnis zum Jahreszinsfuß p gilt:

$$p^* = \frac{p}{m} \qquad (4.1\text{-}19)$$

$$p = p^* \cdot m$$

$$i^* = \frac{p^*}{100} = \frac{i}{m} \qquad (4.1\text{-}20)$$

Der nominelle Jahreszinssatz p ergibt sich also aus der Multiplikation des relativen Zinssatzes p^* mit der Zahl der unterjährlichen Zinsperioden m. Der relative Zinssatz p^* ist dadurch zu ermitteln, daß der nominelle Jahreszinssatz p durch die Zahl der unterjährlichen Zinsperioden m geteilt wird.

Ferner gilt:

$$K_n = K_0 \cdot (1 + i^*)^{m \cdot n} \qquad (4.1\text{-}21)$$

Bei unterjährlicher Verzinsung weichen Nominalverzinsung und Effektivverzinsung voneinander ab. So wird z.B. mit einem Halbjahreszins von 2 % ein höheres Endkapital zum Jahresende erreicht als bei einem Jahreszins von 4 %. Zur Lösung derartiger Aufgaben ist es zweckmäßig, zunächst denjenigen Jahreszinssatz zu ermitteln, bei dessen Anwendung das Endkapital zum Jahresende genau so hoch ist wie bei Anwendung des vereinbarten relativen Zinssatzes. Dieser Zinssatz ist der effektive Jahreszinssatz, für den das Symbol p_e eingeführt werden soll. Dabei gilt:

$$p_e = ((1 + i^*)^m - 1) \cdot 100 \qquad (4.1\text{-}22)$$

Soll bei unterjährlicher Verzinsung das Endkapital zum Jahresende nicht höher sein als bei Anwendung eines entsprechenden Vielfachen des vereinbarten relativen Zinsfußes, im obigen Beispiel also nicht höher als bei einer Verzinsung mit 4 % jährlich, so ist mit dem sogenannten *konformen* (unterjährlichen) Zinsfuß zu rechnen. Wird für ihn das Smybol $\overline{p}$ eingeführt, so gilt:

$$\overline{p} = (\sqrt[m]{(1 + i)} - 1) \cdot 100 \qquad (4.1\text{-}23)$$

Durch die Errechnung des effektiven Jahreszinssatzes p_e und des konformen Jahreszinsfußes $\overline{p}$ erübrigt sich die Angabe weiterer Formeln.

Die Ermittlung des effektiven Jahreszinssatzes, wenn der relative Zinsfuß gegeben ist, und des relativen Zinsfußes, wenn der effektive Jahreszinssatz gegeben ist, zeigt das folgende Beispiel.

Beispiel:

Wie hoch ist der effektive Jahreszinsfuß, wenn ein Kapital mit 1 % pro Monat verzinst wird? Zur Probe und zur Ermittlung des relativen Zinssatzes pro Monat soll eine Rückrechnung durchgeführt werden.

Rechnerprogramm:

Eingabe	Taste(n)	Anzeige	Bemerkungen
	Ermittlung des effektiven Jahreszinsfußes		
	[2nd] [CMR]	0.00	
12	[N]	12.00	Zahl der Zinsperioden pro Jahr
1	[%i]	1.00	Periodischer Zinssatz
100	[PV]	100.00	Willkürlich wählbares K_0
	[2nd] [FV]	112.68	Endkapital (K_n)
1	[N]	1.00	Zinsperiode für Effektivverzinsung 1 Jahr
	[2nd] [%i]	12.68	Effektivzinsfuß
	Ermittlung des periodischen (relativen) Zinssatzes		
	[2nd] [CMR]	0.00	
1	[N]	1.00	Zinsperiode für Effektivverzinsung 1 Jahr
12.68	[%i]	12.68	Effektivzinsfuß
100	[PV]	100.00	Willkürlich wählbares K_0
	[2nd] [FV]	112.68	Endkapital (K_n)
12	[N]	12.00	Zahl der Zinsperioden pro Jahr
	[2nd] [%i]	1.00	Periodischer Zinsfuß

Beispiel:

Ein Kapital von 3000,– DM ist bei einem Zinsfuß von 2 % pro Quartal auf 5653,53 DM angewachsen.

a) Wie hoch ist die Effektivverzinsung?

b) Wie viele unterjährliche Perioden war das Kapital angelegt?

Rechnerprogramm:

Eingabe	Taste(n)	Anzeige	Bemerkungen
	Ermittlung des effektiven Jahreszinsfußes		
	[2nd] [CMR]	0.00	
4	[N]	4.00	
2	[%i]	2.00	
100	[PV]	100.00	
	[2nd] [FV]	108.24	
1	[N]	1.00	
	[2nd] [%i]	8.24	Effektivzinsfuß
	Ermittlung der unterjährlichen Zinsperioden		
3000	[PV]	3000.00	
5653.53	[FV]	5653.53	
	[2nd] [N]	8.00	Laufzeit in Jahren
	[x] 4 [=]	32.00	Zahl der unterjährlichen Zinsperioden (Quartale)

4.1.3.3 Vorschüssige Zinseszinsrechnung

4.1.3.3.1 Jährlich-vorschüssige Zinseszinsen

Für die Ermittlung des Rückzahlungsbetrages (K_n) einer Geldanlage zu jährlich-vorschüssigen Zinseszinsen gilt:

$$K_n = K_0 \frac{1}{(1-i)^n} = K_0 \frac{1}{\left(1 - \frac{p}{100}\right)^n} \qquad (4.1\text{-}24)$$

Daraus folgt:

$$K_0 = K_n (1-i)^n = K_n \left(1 - \frac{p}{100}\right)^n \qquad (4.1\text{-}25)$$

$$i = 1 - \sqrt[n]{\frac{K_0}{K_n}}, \quad p = i \cdot 100 \qquad (4.1\text{-}26)$$

$$n = \frac{\log(K_0) - \log(K_n)}{\log(1-i)} \qquad (4.1\text{-}27)$$

Statt mit den obigen Formeln lassen sich vorschüssige Zinseszinsrechnungen durch die Einführung eines sogenannten Ersatzzinsfußes p′ unter Verwendung der Formeln für die nachschüssige Zinseszinsrechnung lösen. Bei formal nachschüssiger Rechnung wird also mit Hilfe des Ersatzzinsfußes das gleiche Ergebnis erreicht wie bei einer vorschüssigen Zinseszinsrechnung. Zugleich entspricht der Ersatzzinsfuß dem Effektivzinsfuß, der ja als Zinsfuß bei nachschüssig-jährlicher Verzinsung definiert wurde. Für den Einsatz des Rechners TI-44 ist der Ersatzzinsfuß deshalb von besonderer Bedeutung, weil der Rechner auf nachschüssige Zinseszinsen programmiert ist.

Für die Ermittlung des Ersatzzinsfußes gilt:

$$p' = \frac{100p}{100 - p} > p \tag{4.1-28}$$

Umgekehrt gilt:

$$p = \frac{100p'}{100 + p'} < p' \tag{4.1-29}$$

Beispiel:

Wie hoch ist der Zinsfuß, zu welchem ein Kapital von 10 000,– DM für 8 Jahre bei vorschüssiger jährlicher Verzinsung zu Zinseszinsen angelegt sein muß, um auf 16 405,04 DM anzuwachsen? Die Lösung soll einmal nach Formel (4.1-26) erfolgen und zum anderen über die im Rechner vorprogrammierten Funktionen.

Rechnerprogramm:

Eingabe	Taste(n)	Anzeige	Bemerkungen
Lösung nach Formel (4.1-26)			
	[2nd] [CMR]	0.00	
10000 [÷] 16405.04	[=]	0.61	$K_0 : K_n$
	[2nd] [y^x] 8 [1/x] [=]	0.94	$\sqrt[n]{K_0 : K_n}$
[+/−] [+] 1 [x] 100	[=]	6.00	Vorschüssiger Zinsfuß
Lösung über Ersatzzinsfuß mit Rechnerfunktionstasten			
10000	[PV]	10000.00	Anfangskapital
16405.04	[FV]	16405.04	Endkapital
8	[N]	8.00	Laufzeit
	[2nd] [%i]	6.38	Ersatzzinsfuß p′
	[+] 100 [=] [STO]	106.38	100 + p′
100 [x] 6.38	[=]	638.00	100p′
	[÷] [RCL] [=]	6.00	Vorschüssiger Zinsfuß

4.1.3.3.2 Unterjährlich-vorschüssige Zinseszinsen

Für das Verhältnis des relativen oder periodischen Zinsfußes bei unterjährlicher Verzinsung zum entsprechenden (nominellen) Jahreszinsfuß gelten die Ausführungen im Abschnitt 4.1.3.2.2 über unterjährlich-nachschüssige Zinseszinsen entsprechend.

Zur Lösung von Zinseszinsrechnungen mit unterjährlicher-vorschüssiger Verzinsung empfiehlt es sich, insbesondere für den Einsatz des Rechners TI-44, wie folgt vorzugehen:

a) Ermittlung des effektiven Jahreszinsfußes bei Annahme einer nachschüssigen unterjährlichen Verzinsung nach Formel (4.1-22).

$$p_e = ((1 + i^*)^m - 1) \cdot 100$$

b) Errechnung des entsprechenden Ersatzzinsfußes. Dabei wird der effektive Jahreszinsfuß bei nachschüssiger unterjährlicher Verzinsung mit Hilfe der Formel (4.1-28) in den effektiven Jahreszinsfuß bei nominal vorschüssiger unterjährlicher Verzinsung umgerechnet.

$$p' = \frac{100 p_e}{100 - p_e}$$

Beispiel:

Auf welches Endkapital wächst eine Kapitalanlage von 8000,– DM an, wenn sie 4 Jahre lang zu 3 % vorschüssig bzw. nachschüssig fälligen Halbjahreszinsen angelegt ist.

Rechnerprogramm:

Eingabe	Taste(n)	Anzeige	Bemerkungen
	[2nd] [CMR]	0.00	
1.03 [x^2] [–] 1 [x] 100 [=]		6.09	Nachschüssiger Effektivzinssatz p_e nach Formel (4.1-22)
[+/–] [STO] 100 [SUM] [RCL]			
		93.91	$(100 - p_e)$
[STO] 100 [x] 6.09 [÷] [RCL] [=]		6.48	Ersatzzinsfuß = Effektivzinsfuß bei vorschüssiger Verzinsung
	[%i]	6.48	
4	[N]	4.00	
8000	[PV]	8000.00	

	[2nd] [FV]	10285.91	Endkapital bei vorschüssigen Zinsen
6.09	[%i]	6.09	Effektivzinsfuß (nachschüssig)
0	[FV]	0.00	
	[2nd] [FV]	10134.16	Endkapital bei nachschüssiger Verzinsung

4.1.3.4 Gemischte Verzinsung

Von gemischter Verzinsung wird gesprochen, wenn die Laufzeit einer Kapitalanlage oder Schuld ganze Jahre und Bruchteile eines Jahres umfaßt (z. B. 5 Jahre 8 Monate). Die Laufzeit n ist hier also nicht ganzzahlig. In diesen Fällen werden nur für die vollen Jahre Zinseszinsen verrechnet, für die Jahresbruchteile gelten dagegen einfache Zinsen (deshalb gemischte Verzinsung). Werden die vollen Jahre mit n_1 und die Restlaufzeit (als Bruchteil eines Jahres) mit n_2 bezeichnet, so gilt:

$$K_n = K_0 (1 + i)^{n_1} \cdot (1 + i \cdot n_2) \qquad (4.1\text{-}30)$$

$$K_0 = \frac{K_n}{(1 + i)^{n_1} \cdot (1 + i \cdot n_2)} \qquad (4.1\text{-}31)$$

Aufgrund dieser beiden und der anderen in den Abschnitten 4.1.2 und 4.1.3 eingeführten Formeln lassen alle einschlägigen Probleme lösen, so daß sich weitere Angaben erübrigen.

Beispiel:

Ein Kapital von 650,– DM ist mit 6 % für 2 Jahre und 211 Tage angelegt. Wie hoch ist das Endkapital?

Rechnerprogramm:

Eingabe	Taste(n)	Anzeige	Bemerkungen
	[2nd] [CMR]	0.00	
650	[PV]	650.00	
6	[%i]	6.00	
2	[N]	2.00	
	[2nd] [FV] [STO]	730.34	Endkapital nach 2 Jahren
211 [÷] 360 [=]		0.59	211 Tage = 0,59 Jahre
[x] 0.06 [x] [RCL] [=]		25.68	Zinsen für 211 Tage
	[SUM] [RCL]	756.02	Gesamtendkapital

Übungsaufgabe Ü4.1.3:

Ein Sparer verlangt nach 6 Jahren und 85 Tagen sein Guthaben von 8743,26 DM zurück, das die ganze Zeit zu 5 % Zinseszinsen (nachschüssig) angelegt war.

a) Wie hoch war das Anfangskapital?

b) Zur Probe soll im Wege einer Rückrechnung die Laufzeit ermittelt werden.

4.1.3.5 Anwendungsbeispiele für Sparer

4.1.3.5.1 Sparanlagen (Sparbücher) herkömmlicher Form

Die Zinsgutschrift auf Sparbüchern erfolgt üblicherweise zum Ende eines Kalenderjahrs. Das gilt unabhängig davon, ob die gesetzliche oder eine vereinbarte längere Kündigungsfrist zur Erreichung einer höheren Verzinsung gilt.

Beispiel:

Auf einem Sparbuch werden zum 1. Januar 1200,– DM auf 3 Jahre zu 5 % Zinsen angelegt.

a) Wie hoch sind die Zinsen und das Endkapital?

b) Für Laufzeit und Zinsfuß soll eine Rückrechnung durchgeführt werden.

Rechnerprogramm:

Eingabe	Taste(n)	Anzeige	Bemerkungen
	[2nd] [CMR]	0.00	
3	[N]	3.00	Laufzeit
5	[%i]	5.00	Zinsfuß
1200	[PV]	1200.00	Anfangskapital
	[2nd] [FV]	1389.15	Endkapital
[−] 1200	[=]	189.15	Zinsen
	[2nd] [N]	3.00	Laufzeit
	[2nd] [%i]	5.00	Zinsfuß

Beispiel:

Wie hoch wären Zinsen und Endkapital im letzten Beispiel, wenn die Anlage zum 1. Juni erfolgt wäre?

Lösungshinweis: In diesem Fall steht das Geld die ersten und die letzten 6 Monate zu einfachen Zinsen.

Rechnerprogramm:

Eingabe	Taste(n)	Anzeige	Bemerkungen
	[2nd] [CMR]	0.00	
1200	[STO] [x] 2.5 [%] [=]	30.00	Zinsen erstes Halbjahr
	[SUM] [RCL] [PV]	1230.00	Kapital zum 31.12.
2	[N]	2.00	
5	[%i]	5.00	
	[2nd] [FV] [STO]	1356.07	Kapital nach 2.5 Jahren
	[x] 2.5 [%] [=]	33.90	Zinsen letztes Halbjahr
	[SUM] [RCL]	1389.98	Endkapital
[−] 1200 [=]		189.98	Gesamtzinsen

4.1.3.5.2 Kapitalsparbücher

Es handelt sich hier um Spareinlagen meist über 100,– DM, 500,– DM oder 1000,– DM, die in der Regel für 5 Jahre zu einem jährlich steigenden Zinsfuß angelegt werden. Damit entsprechen die Kapitalsparbücher von der Ausstattung her im Prinzip den Bundesschatzbriefen vom Typ B, die im folgenden Abschnitt behandelt werden. An dieser Stelle erübrigen sich damit weitere Ausführungen.

4.1.3.5.3 Sparbriefe und Bundesschatzbriefe

Diese Papiere werden meist in einer der folgenden Formen angeboten:

a) Mit jährlich nachschüssiger Verzinsung bei jährlich steigendem Zinsfuß. Die Zinsen werden dabei entweder
   - a1) jährlich (meist zum 30.6. oder 31.12.) ausgezahlt oder
   - a2) bis zum Ende der Laufzeit angesammelt und dann zusammen mit dem Kaufpreis ausgezahlt.

   Dem Fall „a1" entsprechen z.B. die Bundesschatzbriefe vom Typ A, dem Fall „a2" die Bundesschatzbriefe vom Typ B.

b) Mit jährlich nachschüssiger, gleichbleibender Verzinsung. Am Ende der Laufzeit wird dabei der Nominalwert zurückbezahlt, der zur Ermittlung des Kaufpreises entsprechend abgezinst werden muß.

Eine Besonderheit weisen die meisten dieser Papiere noch insofern auf, als die Zinsen, welche zwischen dem Ausgabetag und dem Tag des Kaufes aufgelaufen sind, dem Kaufpreis zugeschlagen werden. Dadurch ergibt sich bei diesen sogenannten Spätkäufen eine günstigere Rendite als im Normalfall.

Beispiel:

Ein Bundesschatzbrief vom Typ A erbringt in den 6 Jahren seiner Laufzeit folgende Verzinsung: 5,5 %; 8 %; 8,25 %; 8,5 %; 8,5 % und 9 %. Ausgabekurs und Rückzahlungskurs = 100 %. Wie hoch ist die Effektivverzinsung?

Lösungshinweis: Wird der Rückzahlungskurs mit R, der Ausgabekurs mit C, der Jahreszinssatz mit p_1 bis p_6, der Effektivzinssatz mit p_e und der entsprechende Aufzinsungsfaktor mit q_e bezeichnet, so gilt für die einzelnen Jahre der Laufzeit folgendes:

1\. Jahr:

$$C = \frac{p_1}{q_e} + \frac{R}{q_e}$$

2\. Jahr:

$$C = \frac{p_1}{q_e} + \frac{p_2}{q_e^2} + \frac{R}{q_e^2}$$

3\. Jahr:

$$C = \frac{p_1}{q_e} + \frac{p_2}{q_e^2} + \frac{p_3}{q_e^3} + \frac{R}{q_e^3}$$

n. Jahr:

$$C = \frac{p_1}{q_e} + \frac{p_2}{q_e^2} + \frac{p_3}{q_e^3} + \ldots + \frac{p_{n-1}}{q_e^{n-1}} + \frac{p_n}{q_e^n} + \frac{R}{q_e^n} \qquad (4.1\text{-}32)$$

Die Formel besagt, daß der Effektivzinsfuß p_e über q_e durch schrittweise Annäherung (Iteration) ermittelt werden muß. Die Iteration ist so lange fortzuführen, bis ein q_e gefunden wurde, bei welchem C die vorgegebene Höhe annimmt. Dieses Verfahren bedingt auch beim Einsatz des TI-44 einen erheblichen Arbeitsaufwand.

Rechnerprogramm:

Eingabe	Taste(n)	Anzeige	Bemerkungen
	[2nd] [CMR] [FIX] 4	0.0000	
5.5 [+] 8 [+] 8.25 [+] 8.5 [+]			
8.5 [+] 9 [÷] 6 [=]		7.9583	Durchschnittsverzinsung
1. Iteration mit $q_e = 1.0785$			
1.0785 [x] [K] 1.0785 [=]		1.1632	q_e^2
	[=]	1.2545	q_e^3
	[=]	1.3529	q_e^4
	[=]	1.4592	q_e^5
	[=]	1.5737	q_e^6
5.5	[÷] 1.0785 [=] [STO]	5.0997	$P_1 : q_e$
8	[÷] 1.1632 [=] [SUM]	6.8776	$P_2 : q_e^2$
8.25	[÷] 1.2545 [=] [SUM]	6.5763	$P_3 : q_e^3$
8.5	[÷] 1.3529 [=] [SUM]	6.2828	$P_4 : q_e^4$
8.5	[÷] 1.4592 [=] [SUM]	5.8251	$P_5 : q_e^5$
9	[÷] 1.5737 [=] [SUM]	5.7190	$P_6 : q_e^6$
100	[÷] 1.5737 [=] [SUM]	63.5445	$100 : q_e^6$
	[RCL]	99.9250 < 100	
			Da C = 100 ist q_e noch zu groß
2. Iteration mit $q_e = 1.0784$			
1.0784 [x] [K] 1.0784 [=]		1.1629	Erläuterungen wie oben!
	[=]	1.2541	
	[=]	1.3524	
	[=]	1.4585	
	[=]	1.5728	
5.5	[÷] 1.0784 [=] [STO]	5.1001	
8	[÷] 1.1629 [=] [SUM]	6.8794	

8.25 ÷ 1.2541 =	SUM	6.5784	Erläuterungen wie oben!
8.5 ÷ 1.3524 =	SUM	6.2851	
8.5 ÷ 1.4585 =	SUM	5.8279	
9 ÷ 1.5728 =	SUM	5.7223	
100 ÷ 1.5728 =	SUM	63.5809	
	RCL	$99.9741 < 100$	
3. Iteration mit q = 1.0783			
1.0783 x K 1.0783 =		1.1627	Erläuterungen wie oben!
	=	1.2538	
	=	1.3519	
	=	1.4578	
	=	1.5719	
5.5 ÷ 1.0783 =	STO	5.1006	
8 ÷ 1.1627 =	SUM	6.8805	
8.25 ÷ 1.2538 =	SUM	6.5800	
8.5 ÷ 1.3519 =	SUM	6.2874	
8.5 ÷ 1.4578 =	SUM	5.8307	
9 ÷ 1.5719 =	SUM	5.7256	
100 ÷ 1.5719 =	SUM	63.6173	
	RCL	$100.0221 > 100$	Da C = 100 ist q_e jetzt etwas zu groß

Der Effektivzins liegt also zwischen 7,83 % und 7,84 %.
(Der Informationsdienst für Bundeswertpapiere, Frankfurt gibt 7,83 % an.)

Beispiel:

Ein Sparbrief wächst während seiner Laufzeit von 5 Jahren auf einen Wert von 5000,– DM (Rückzahlungswert) an. Wie hoch war der Kaufpreis, wenn die Verzinsung 8 % beträgt?

Rechnerprogramm:

Eingabe	Taste(n)	Anzeige	Bemerkungen
	2nd CMR FIX 4	0.0000	
1.08	2nd y^x 5 = 1/x	0.6806	$v^5 = \frac{1}{q^5} = \frac{1}{1.08^5}$
	x 5000 =	3402.9160	Kaufpreis

4.1.3.5.4 Festgeldanlagen

Als sogenannte Festgeldanlagen nehmen Kreditinstitute größere Geldanlagen (i.d.R. ab 5000,– DM) für einen fest umrissenen Zeitraum, der selten unter 30 Tagen liegt und 180 Tage kaum überschreitet, zu einem zu vereinbarenden Zinsfuß entgegen. Die Zinsgutschrift erfolgt am Ende der abgemachten Laufzeit. Wiederanlagen einschließlich der Zinsen der vorherigen Anlagen sind möglich.

Beispiel:

Von einem Unternehmen werden 50000,– DM für 90 Tage zu 8 % als Festgeld angelegt. Nach Ablauf dieser Frist wird das Kapital einschließlich der Zinsen aus der ersten Anlage erneut zu 8 % angelegt, aber nur noch für 60 Tage.

a) Wie hoch ist das Endkapital?

b) Wie hoch ist die Effektivverzinsung?

Rechnerprogramm:

Eingabe / Taste(n)	Anzeige	Bemerkungen
Berechnung des Endkapitals		
[2nd] [CMR] [FIX] 4	0.0000	
90 [÷] 360 [x] 0.08 [=]	0.0200	Relatives i für 90 Tage
60 [÷] 360 [x] 0.08 [=]	0.0133	Relatives i für 60 Tage
1 [+] 0.02 [x] 50000 [=]	51000.000	Ermittlung von K_n
[x] 1.013333 [=]	51679.983	nach Formel (4.1-8)
Berechnung der Effektivverzinsung		
360 [÷] 90 [=] [N] 2 [%i] 100 [PV]		
[2nd] [FV] 1 [N] [2nd] [%i] [STO]	8.2432	Effektivzins (%) für 90 Tage
360 [÷] 60 [=] [N] 1.3333 [%i]		
100 [PV] [2nd] [FV] 1 [N] [2nd] [%i]	8.2712	Effektivzins (%) für 60 Tage
[RCL] [x] 90 [=] [STO]	741.8894	Gewichtung der Effektiv-
8.2712 [x] 60 [=] [SUM] [RCL] [÷]		zinsfüße mit der Laufzeit
150 [=]	8.2544	ergibt Effektivverzinsung insgesamt

4.1.3.5.5 Übersicht zur Gewährung von Sparprämien und Sparzulagen durch die Bundesrepublik Deutschland (Stand Frühjahr 1980)

Für eine Reihe von Anwendungsbeispielen, die unten behandelt werden, spielt die staatliche Prämiengewährung eine wichtige Rolle. Die folgenden Tabellen sollen eine Grundlage zum Verständnis dieser Beispiele liefern.

Ergänzend zu den Tabellen ist noch folgendes zu bemerken:

a) Nachdem Vermögensbildungsgesetz wird Arbeitnehmern neben der Sparprämie eine Sparzulage gewährt, die mit dem Arbeitsentgelt ausgezahlt wird. Diese Sparzulage beträgt für Alleinstehende und Verheiratete mit nicht mehr als zwei Kindern 30 % und bei mehr als zwei Kindern 40 % des Sparbetrages, (maximal 40 % des Sparhöchstbetrags).

b) Voraussetzung für die Prämiengewährung ist, daß das zu versteuernde Jahreseinkommen bei Alleinstehenden 24 000,– DM und bei zusammenveranlagten Ehegatten 48 000,– DM nicht übersteigt. Diese Einkommensgrenzen erhöhen sich für jedes Kind unter 18 Jahren um 1800,– DM.

c) Die Vergünstigungen werden auf Bausparverträge, allgemeine Sparverträge und Ratensparverträge bzw. vermögenswirksame Sparverträge gewährt. Bei allgemeinen Sparverträgen (einmalige Einzahlung) beträgt die Laufzeit 6 Jahre, bei Ratensparverträgen (regelmäßige Ratenzahlungen) beträgt die Laufzeit 7 Jahre, bei einer Sparzeit von 6 Jahren.

d) Die Prämien auf Bausparzahlungen werden nach Gutschrift auf dem Bausparkonto verzinst. Die Verzinsung der Prämien für die anderen Sparformen erfolgt ab 1. Januar des der Zahlung folgenden Jahres mit 4 %.

Tabelle 4.1 Sparhöchstbeträge und Höchstprämien bei Allgemeinen Sparverträgen, Ratensparverträgen und vermögenswirksamen Sparverträgen

Familienstand und Zahl der Kinder unter 18 Jahren	Spar-Prämiengesetz			Vermögensbildungsgesetz			Insgesamt	
	Sparhöchst-betrag jährl. DM	jährliche Prämie * v.H.	DM	Sparhöchst-betrag jährl. DM	jährliche Prämie * v.H.	DM	Sparhöchst-betrag jährl. DM	jährliche Prämie * DM
1	2	3	4	5	6	7	8 (2 + 5)	9 (4 + 7)
Alleinstehende								
Ohne Kinder	800	14	112	624	14	87	1424	199
Mit 1 Kind	800	16	128	624	16	100	1424	228
Mit 2 Kindern	800	18**	144	624	18**	112	1424	256
Ehegatten, wobei ein Ehegatte Arbeitnehmer ist								
Ohne Kinder	1600	14	224	624	14	87	2224	311
Mit 1 Kind	1600	16	256	624	16	100	2224	356
Mit 2 Kindern	1600	18**	288	624	18**	112	2224	400
Ehegatten, wobei beide Ehegatten Arbeitnehmer sind								
Ohne Kinder	1600	14	224	1248	14	174	2848	398
Mit 1 Kind	1600	16	256	1248	16	200	2848	456
Mit 2 Kindern	1600	18**	288	1248	18**	224	2848	512

* Die errechneten Jahresprämien sind der Einfachheit halber nur in auf- oder abgerundete DM-Beträgen angegeben.

** Für jedes weitere Kind zusätzlich 2 % Prämie.

Tabelle 4.2 Sparhöchstbeträge und Höchstprämien für Bausparverträge

Familienstand und Zahl der Kinder unter 18 Jahren	Wohnungsbau-Prämiengesetz			Vermögensbildungsgesetz			Insgesamt	
	Sparhöchstbetrag jährl. DM	jährliche Prämie * v.H.	jährliche Prämie * DM	Sparhöchstbetrag jährl. DM	jährliche Prämie * v.H.	jährliche Prämie * DM	Sparhöchstbetrag jährl. DM	jährliche Prämie * DM
1	2	3	4	5	6	7	8 (2 + 5)	9 (4 + 7)
Alleinstehende								
Ohne Kinder	800	18	144	624	18	112	1424	256
Mit 1 Kind	800	20	160	624	20	125	1424	285
Mit 2 Kindern	800	22**	176	624	22**	137	1424	313
Ehegatten, wobei ein Ehegatte Arbeitnehmer ist								
Ohne Kinder	1600	18	288	624	18	112	2224	400
Mit 1 Kind	1600	20	320	624	20	125	2224	445
Mit 2 Kindern	1600	22**	352	624	22**	137	2224	489
Ehegatten, wobei beide Ehegatten Arbeitnehmer sind								
Ohne Kinder	1600	18	288	1248	18	225	2848	513
Mit 1 Kind	1600	29	320	1248	20	250	2848	570
Mit 2 Kindern	1600	22**	352	1248	22**	275	2848	627

* Die errechneten Jahresprämien sind der Einfachheit halber nur in auf- oder abgerundeten DM-Beträgen angegeben.

** Für jedes weitere Kind zusätzlich 2 % Prämie.

4.1.3.5.6 Allgemeine Sparverträge

Allgemeine Sparverträge haben eigentlich eine Laufzeit von 6 Jahren (siehe Abschnitt 4.1.3.5.5). Durch Vertragsabschluß und Einzahlung vor dem 1. Juli kann die Laufzeit aber bis zu 6 Monaten verkürzt werden.

Beispiel:

Ein Ehepaar (nur 1 Verdiener, und zwar als Arbeitnehmer) mit 2 Kindern unter 18 Jahren schließt zum 30.6.1979 einen allgemeinen Sparvertrag. Zugleich wird der nach dem Spar-Prämiengesetz und nach dem Vermögensbildungsgesetz höchstmögliche Sparbetrag von 2224,– DM geleistet. Die Festlegungsfrist endet damit am 31.12.1984. Die Verzinsung der Zahlung erfolgt zu 5,25 % ab 1.7.1979. Die Verzinsung der Prämie erfolgt zu 4 % ab 1.1.1980. Für die Bearbeitung des Prämienantrags wird bei der Auszahlung des Guthabens eine Gebühr von 5,– DM abgezogen.

Wie hoch sind:

a) die Sparprämie,
b) das schließlich auszuzahlende Guthaben,
c) die Summe der Zinsen,
d) die Effektivverzinsung mit und ohne Berücksichtigung der Sparzulage von 30 %?

Rechnerprogramm:

Eingabe	Taste(n)	Anzeige	Bemerkungen
	[2nd] [CMR]	0.00	
	[FIX] 4	0.0000	
5.25	[÷] 2 [=] [%] [+] 1 [=]	1.0263	Aufzinsungsfaktor 1. Halbjahr
[x] 2224	[=] [PV] [FIX] 2	2282.38	Kapital 1.1.1980
5.25	[%i]	5.25	Zinsfuß (Einzahlung)
5	[N]	5.00	Restlaufzeit
	[2nd] [FV] [STO]	2947.80	Endwert der Einzahlung
2224	[x] 18 [%] [=] [PV]	400.32	Gesamtprämie (a)
4	[%i]	4.00	Zinsfuß (Prämie)
5	[N]	5.00	Anlagedauer der Prämie
	[2nd] [FV] [SUM]	487.05	
	[RCL]	3434.85	Endwert aus Einzahlungen plus Prämie und Zinsen
[–] 5 [=]		3429.85	Auszahlungsbetrag nach Abzug der Bearbeitungsgebühr von 5.– DM (b)

2224	[+] 400.32 [=]	2624.32	Summe Einzahlungen plus Prämie
	[+/−] [SUM] [RCL]	810.53	Summe Zinsen (c)
2224	[PV] 5.5 [N]		
3429.85	[FV] [2nd] [%i]	8.20	Effektivverzinsung (%) der Einzahlungen ohne Berücksichtigung der Sparzulage (d)
624	[x] 30 [%] [=]	187.20	Sparzulage (30 % aus 624.– DM)
	[−] 2224 [=] [+/−] [PV]	2036.80	Einzahlung minus Sparzulage
	[2nd] [%i]	9.94	Effektivverzinsung (%) bei Berücksichtigung der Sparzulage (d)

4.1.3.6 Anwendungsbeispiele für Kreditnehmer

Die überwiegende Mehrzahl der Kredite werden heute ratenweise zurückgezahlt, so daß es sich insoweit um Probleme der Renten- bzw. Tilgungsrechnung handelt. Die Zahl der Anwendungsbeispiele ist in diesem Abschnitt deshalb relativ gering.

4.1.3.6.1 Überziehungskredit (Gehaltskonto)

Lohn- und Gehaltskonten können häufig um zwei Monatsgehälter oder mehr überzogen werden. Der Zinsfuß wird dabei pro Jahr (nachschüssig) angegeben. Die Zinsbelastung erfolgt aber vierteljährlich, so daß Nominal- und Effektivverzinsung verschieden sind.

Beispiel:

Ein Gehaltskonto kann zu einem Zinsfuß von 12 % überzogen werden. Die Zinsbelastung erfolgt vierteljährlich. Wie hoch ist die Effektivverzinsung?

Rechnerprogramm:

Eingabe	Taste(n)	Anzeige	Bemerkungen
	[2nd] [CMR]	0.00	
12	[÷] 4 [=] [%i]	3.00	Periodischer Zinsfuß
4	[N]	4.00	Zahl der Zinsperioden
100	[PV]	100.00	Willkürlich wählbares K_0
	[2nd] [FV] [−] 100 [=]	12.55	Effektivzins (%)

4.1.3.6.2 Festdarlehen

Hierunter sind Darlehen zu verstehen, die regelmäßig zu verzinsen sind, wobei die Rückzahlung in einem Betrag zum Endtermin zu erfolgen hat.

Beispiel:

Ein Kaufmann soll einen Kredit von 25 000,– DM in einem Betrag nach 8 Jahren zurückzahlen. Der vereinbarte Zinssatz beträgt 7 %. Die Zinsen sind jährlich fällig.

a) Wie hoch sind die insgesamt zu bezahlenden Zinsen?
b) Wie hoch ist die Effektivverzinsung?
c) Wie hoch wäre die Effektivverzinsung bei halbjährlicher Fälligkeit der Zinsen?
d) Wie hoch wäre die Effektivverzinsung bei halbjährlicher Fälligkeit der Zinsen und einer Kreditauszahlung von 98 %?

Lösungshinweise: Die Ermittlung der Effektivverzinsung einer Festschuld, deren Auszahlung unter 100 % liegt, kann zunächst nach einem vereinfachten (ohne Berücksichtigung von Zinseszinsen) und deshalb ungenauen, vielfach aber von den Banken eingesetzten Verfahren, erfolgen. Die entsprechende Formel (Bankenformel) lautet:

$$p_e = \frac{100p}{C} + \frac{100 - C}{n} \qquad (4.1\text{-}33)$$

Dabei steht C für den Auszahlungskurs.

Unter Berücksichtigung von Zinseszinsen ist die Rechnung in einem iterativen Verfahren durchzuführen. Dabei muß derjenige Zinssatz durch Probieren gefunden werden, bei dessen Anwendung der Barwert der zu zahlenden Zinsen und des Rückzahlungskurses dem Auszahlungskurs entspricht. Damit ist der Effektivzinsfuß gefunden. Die entsprechende Formel lautet:

$$C = \frac{p\,(q_e^n - 1)}{q_e^n\,(q_e - 1)} + \frac{100}{q_e^n} \qquad (4.1\text{-}34)$$

Bei Benutzung des Rechners TI-44 läßt sich dieses relativ kompliziert erscheinende Problem mit der Hilfe der im Rechner vorprogrammierten Funktionen verhältnismäßig einfach lösen.

Rechnerprogramm:

Eingabe	Taste(n)	Anzeige	Bemerkungen
	[2nd] [CMR]	0.00	
	Ermittlung der Zinsen		
25000 [x] 7 [%] [x] 8 [=]		14000.00	Summe der Zinsen (a)
	Effektivverzinsung bei 100 % Auszahlung		
Bei jährlicher Verzinsung müssen Effektivzins und Nominalzins gleich sein. Bei halbjährlicher beträgt der Effektivzinsfuß 7.12 % (b). Der Rechengang entspricht den Beispielen im Abschnitt 4.1.3.6.1.			
	Effektivverzinsung bei 98 % Auszahlung nach der Bankenformel		
7 [÷] 2 [x] 100 [÷] 98 [=] [STO]		3.57	$\frac{100p}{C}$
100 [−] 98 [=] [÷] 16 [=]			
	[SUM] [RCL]	3.70	$\frac{100 - C}{n}$ (n = 8 Halbjahre)
[x] 2 [=]		7.39	Effektivzins (%) (c)
	Effektivverzinsung bei 98 % Auszahlung unter Berücksichtigung von Zinseszinsen		
1. Iteration (p_e = 3.7 % pro Halbjahr)			
16 [N]		16.00	Laufzeit in Halbjahren
3.7 [%i]		3.70	Halbjahreszinsfuß (eff.)
3.5 [PMT]		3.50	Zinsertrag pro Halbjahr je 100.– DM
	[2nd] [PV] [STO]	41.70	Barwert Zinsen (je 100.– DM)
0 [PMT] 100 [FV]	[2nd] [PV]	55.92	Barwert für 100.– DM Rückzahlung
	[SUM] [RCL]	97.62 <	Ausgabekurs (98 %)
2. Iteration (p_e = 3.65 % pro Halbjahr)			
16 [N] 3.65 [%i] 3.5 [PMT]			Erläuterungen siehe oben!
	[2nd] [PV] [STO]	41.86	
0 [PMT] 100 [FV]	[2nd] [PV]	56.35	
	[SUM] [RCL]	98.21 >	Ausgabekurs (98 %)

3. Iteration (p_e = 3.67 % pro Halbjahr)		
16 [N] 3.67 [%i] 3.5 [PMT]		Erläuterungen siehe oben!
[2nd] [PV] [STO]	41.79	
0 [PMT] 100 [FV] [2nd] [PV]	56.18	
[SUM] [RCL]	97.97 ≈	Ausgabekurs (98 %)
2 [N] 3.67 [%i] 100 [PV]		
[2nd] [FV] [−] 100 [=] [FIX] 4	7.4747	Effektivzins (%) pro Jahr (d)

Eine lineare Interpolation zwischen den Werten der beiden ersten Versuche führt zu folgendem Ergebnis:

$$\frac{98{,}21 - 98{,}00}{98{,}21 - 97{,}62} = \frac{3{,}7 - p_e}{3{,}7 - 3{,}65}$$

daraus folgt:

$$p_e = 3{,}7 - \left(\frac{98{,}21 - 98{,}00}{98{,}21 - 97{,}62}\right)(3{,}7 - 3{,}65) = 3{,}68 \text{ (Halbjahreszinsfuß in \%)}$$

Rechnerprogramm:

Eingabe	Taste(n)	Anzeige	Bemerkungen
	[2nd] [CMR]	0.00	
98.21	[−] 98 [=] [STO]	0.21	
98.21	[−] 97.62 [=]	0.59	
	[1/x] [x] [RCL] [=] [STO]	0.36	
3.7	[−] 3.65 [=]	0.05	
	[x] [RCL] [=] [+/−]	−0.02	
	[+] 3.7 [=]	3.68	Halbjahreszinsfuß (%)

4.1.3.6.3 Allfällige Darlehen

Zur Unterscheidung von den Festdarlehen soll hier von allfälligen Darlehen gesprochen werden, wenn Zinsen und Schuld in einem Betrag zum Endtermin zurückgezahlt werden sollen.

Zur Verdeutlichung möge das Beispiel aus dem vorigen Abschnitt dienen. Welchen Betrag hätte der Kaufmann im Falle eines allfälligen Darlehens zum Endtermin zurückzuzahlen? Wie hoch wäre die Effektivverzinsung?

Rechnerprogramm:

Eingabe	Taste(n)	Anzeige	Bemerkungen
	[2nd] [CMR]	0.00	
25000 [PV] 8 [N] 7 [%i] [2nd] [FV]			
		42954.65	Rückzahlungsbetrag
25000 [x] 98 [%] [=] [PV] [2nd] [%i]			
		7.27	Effektivzins (%)

4.2 Rentenrechnung

4.2.1 Begriff, Formen und Symbole

Von einer Rente wird dann gesprochen, wenn Zahlungen in vorbestimmter Höhe regelmäßig wiederkehrend anfallen. Dabei stehen zwei Fragen im Vordergrund:

a) Welchen Wert haben bestimmte zukünftige Rentenzahlungen in der Gegenwart (Barwert einer Rente)?

b) Welchen Wert haben Rentenzahlungen, die in einem genau umrissenen Zeitraum geleistet werden, zu einem ganz bestimmten in der Zukunft liegenden Zeitpunkt (Endwert einer Rente)?

Vereinbarungen über die Zahlung von Renten können sehr unterschiedlich ausgestaltet werden. Im einzelnen sind folgende Variationsmöglichkeiten zu unterscheiden:

a) Renten mit zeitlich begrenzter Laufzeit (endliche Renten) und Renten mit unbegrenzter Laufzeit (ewige Renten).

b) Die Perioden der Rentenzahlung können verschieden sein. Es ist insbesondere zu unterscheiden zwischen jährlicher und unterjährlicher (vierteljährlich, halbjährlich usw.) Rentenzahlung.

c) Sind die Rentenzahlungen zu Beginn einer Periode fällig, so wird von vorschüssigen Renten gesprochen.

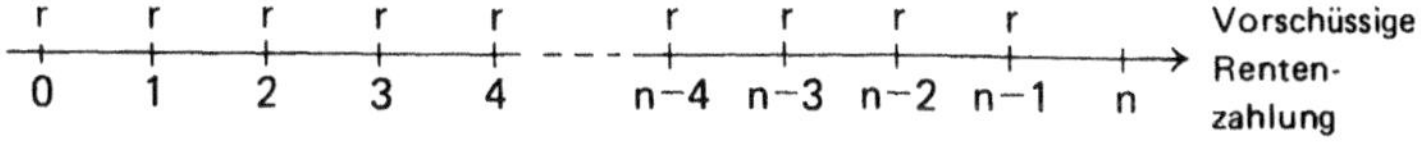

Liegt die Fälligkeit der Rentenzahlung dagegen am Ende einer Periode, so liegt eine nachschüssige Rente vor.

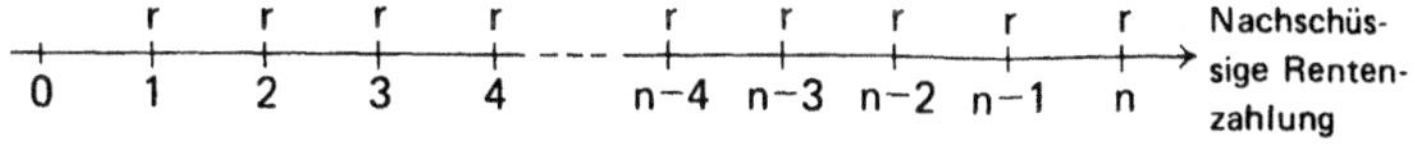

d) Die Rentenraten können jährlich oder unterjährlich verzinst werden.
e) Renten- und Zinsperioden können übereinstimmen oder auseinanderfallen. *Beispiele:* Jährliche Verzinsung bei jährlicher Rentenzahlung oder jährliche Verzinsung und monatliche Rentenzahlung.
f) Die Verzinsung kann vorschüssig oder nachschüssig, einfach oder auf der Basis von Zinseszinsen erfolgen.
g) Schließlich können Renten aufgeschoben, abgebrochen oder unterbrochen werden.

Aus diesen verschiedenen Gestaltungsmöglichkeiten der Elemente einer Rente ergeben sich eine Vielzahl von denkbaren Kombinationen, die hier unmöglich alle behandelt werden können. Die Diskussion muß deshalb weitgehend auf die folgenden, für die Praxis in erster Linie relevanten Fälle beschränkt werden:

a) Endliche Renten mit nachschüssig-jährlicher Verzinsung bei jährlicher oder unterjährlicher sowie nach- oder vorschüssiger Rentenzahlung.
b) Ewige Renten mit nachschüssig-jährlicher Verzinsung bei nach- oder vorschüssiger Rentenzahlung.
c) Aufgeschobene, abgebrochene und unterbrochene Renten.

Schließlich ist noch darauf hinzuweisen, daß eine vorschüssige und/oder unterjährliche Verzinsung von Renten zumindest in Deutschland nicht üblich ist.

Folgende Symbole sind für die Rentenrechnung neu einzuführen:

Symbole	Bedeutung
r	Konstante Rentenrate
R_n	Endwert einer Rente (Wert der Rentenraten plus Zinseszinsen am Ende der Laufzeit)
R_0	Barwert einer Rente (Wert der auf den Beginn der Rentenlaufzeit abgezinsten Rentenraten)
n	Zahl der Rentenperioden in Jahren (entspricht dem n der Zinsrechnung)

4.2.2 Nachschüssige Renten

Von nachschüssigen Renten wird gesprochen, wenn, wie in Abschnitt 4.2.1 (S. 49) dargelegt, die Ratenzahlungen am Ende der jeweiligen Periode fällig sind.

4.2.2.1 Jährlich-nachschüssige Rentenzahlung

Für die Ermittlung von Barwert, Endwert, Rentenrate und Laufzeit derartiger Renten gilt:

$$R_n = r \cdot \frac{q^n - 1}{q - 1} \tag{4.2-1}$$

$$R_0 = \frac{r}{q^n} \cdot \frac{q^n - 1}{q - 1} = \frac{R_n}{q^n} \tag{4.2-2}$$

$$\frac{q^n - 1}{q^n (q - 1)} = \text{Nachschüssiger Rentenbarwertfaktor}$$

$$r = R_n \cdot \frac{q - 1}{q^n - 1} = R_0 \cdot q^n \cdot \frac{q - 1}{q^n - 1} \tag{4.2-3}$$

$$n = \frac{\log\left(\dfrac{1}{-\dfrac{R_0 (q-1)}{r} + 1}\right)}{\log (q)} = \frac{\log\left(\dfrac{R_n (q-1)}{r} + 1\right)}{\log (q)} \tag{4.2-4}$$

Die Auflösung der Rentenformel nach p und i für mehrere Perioden würde zu Gleichungen höheren Grades führen, die hier nicht diskutiert werden können. Mit Hilfe des TI-44 kann p aber problemlos ermittelt werden. Allerdings braucht der Rechner dazu einige Sekunden Zeit.

Die Ausführungen zum Einsatz des Rechners bei der Zinseszinsrechnung (Abschnitt 4.1.3.2.1) gelten grundsätzlich auch für die Rentenrechnung. Zusätzlich wird zur Eingabe der Rentenrate r die Taste [PMT] benötigt.

Beispiel:

Ein Rentner will sein Haus gegen eine 12 Jahre lang jährlich nachschüssig zahlbare Rente verkaufen. Der Endwert der Rente soll bei einem Zinsfuß von 7 % 250 000,– DM betragen.

a) Wie hoch muß die jährliche Rente sein?
b) Welchen Barwert hat diese Rente?
c) Wie hoch müßte der Zinsfuß sein, um auf einen Endwert von 260 000,– DM zu kommen?

Rechnerprogramm:

Eingabe	Taste(n)	Anzeige	Bemerkungen
	[2nd] [CMR]	0.00	
250000	[FV]	250000.00	Endwert
7	[%i]	7.00	Zinsfuß
12	[N]	12.00	Laufzeit
	[2nd] [PV]	111002.99	Barwert
	[2nd] [PMT]	13975.50	Jährliche Rentenrate
260000	[FV]	260000.00	
	[2nd] [%i]	7.66	Zinsfuß (%) für K_n = 260000 DM

4.2.2.2 Unterjährlich-nachschüssige Rentenzahlung

Hier sollen folgende Fälle unterschieden werden:

a) Unterjährliche Rentenzahlung bei jährlicher Verzinsung.

b) Unterjährliche Rentenzahlung bei unterjährlicher Verzinsung auf Zinseszinsbasis.

c) Unterjährliche Rentenzahlung bei einfacher unterjährlicher Verzinsung. Die Endwerte der unterjährlichen Zahlungen (Summe der unterjährlichen Raten plus einfache Zinsen) werden auch in diesem Fall auf Zinseszinsbasis verzinst.

Der Fall a) ist in der Praxis nicht üblich und wird deshalb auch nicht behandelt. Auch Fall b) dürfte in der Praxis selten vorkommen. Er soll aber behandelt werden, um Vergleichsmöglichkeiten mit Fall c) zu haben.

Von den verschiedenen Lösungsmöglichkeiten, die für den Fall c) bestehen, hat sich die fiktive Angleichung der eigentlich verschiedenen Zins- und Rentenperioden am besten bewährt. Das geschieht dadurch, daß aus den effektiv zu zahlenden unterjährlichen Rentenraten eine fiktive Jahres-Rentenrate gebildet wird, die konforme Ersatzrente heißt und mit dem Symbol r_e bezeichnet wird. Sie wird dadurch gewonnen, daß die unterjährlichen Rentenraten zum Zinstermin am Jahresende aufgezinst werden.

Wie aus der folgenden Skizze ersichtlich, steht bei vierteljährlicher Rentenzahlung die erste Rate 9 Monate, die zweite Rate 6 Monate und die dritte Rate

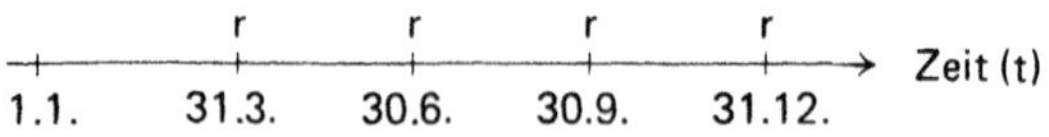

3 Monate bis zum Zinstermin am Jahresende, und zwar zu einfachen Zinsen. Die vierte Rate wird genau zum Zinstermin fällig. Damit ergibt sich der Wert der Ersatzrente r_e zum Zinstermin am Jahresende aus folgender Formel:

$$r_e = r\left(1 + i\frac{3}{4}\right) + r\left(1 + i\frac{2}{4}\right) + r\left(1 + i\frac{1}{4}\right) + r$$

Wird die Zahl der unterjährlichen Rentenzahlungen mit m bezeichnet, so gilt:

$$\boxed{r_e = \left(\frac{i}{2}(m-1) + m\right) r} \qquad (4.2\text{-}5)$$

Beispiel:

Ein Geschäft wird gegen eine nachschüssige Vierteljahresrente von 3500,– DM verpachtet, und zwar auf 12 Jahre zu 8 % Zinsen.

a) Wie groß ist der Endwert der Rente, wenn auch unterjährlich Zinseszinsen vereinbart wurden?

b) Auf welchen Betrag lautet der Endwert, wenn unterjährlich nur einfache Zinsen vergütet werden?

Rechnerprogramm:

Eingabe	Taste(n)	Anzeige	Bemerkungen
	[2nd] [CMR]	0.00	
3500	[PMT]	3500.00	Vierteljahresrate
4 [x] 12 [=]	[N]	48.00	Summe unterjährliche Perioden
8 [÷] 4 [=]	[%i]	2.00	Periodischer Zinsfuß
	[2nd] [FV]	277737.31	Endwert (Lösung a)
	[ON/C] [2nd] [CMR]	0.00	
0.08 [÷] 2 [x] 3 [+] 4 [x] 3500 [=]	[PMT]		
		14420.00	Ersatzrente nach Formel (4.2-5) (m − 1) = 4 − 1 = 3
12	[N]	12.00	
8	[%i]	8.00	
	[2nd] [FV]	273650.16	Endwert (Lösung b)

Wegen der einfachen unterjährlichen Verzinsung muß das Endkapital bei b) kleiner sein als bei a).

Ergänzend sei darauf hingewiesen, daß sich die Ersatzrente auch noch nach folgender Formel ermitteln läßt:

$$\text{Ersatzrente} = \text{Ratenbetrag} \cdot \text{Ratenzahl} + \text{Ratenbetrag} \cdot \text{Zinssatz} \cdot \alpha \qquad (4.2\text{-}6)$$

Zur Ermittlung der Größe α muß die Summe der Jahresbruchteile, welche die einzelnen Rentenraten auf Zinsen stehen, ermittelt und durch 100 dividiert werden. In obigem Beispiel ist $\alpha = 0.015$. Folgende Skizze soll das verdeutlichen:

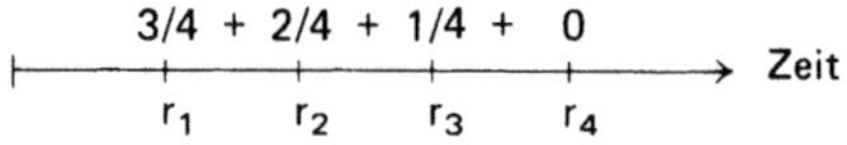

$$\alpha = 3/4 + 2/4 + 1/4 + 0 = 6/4 = 1.5 : 100 = 0.015$$

Bei vierteljährlich vorschüssiger Zahlung wäre α folgendermaßen zu errechnen:

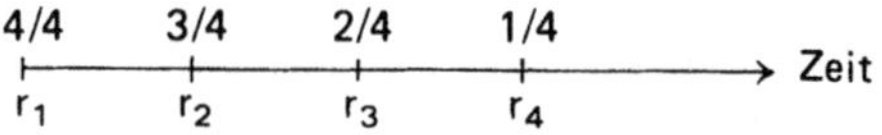

$$\alpha = 4/4 + 3/4 + 2/4 + 1/4 = 10/4 = 2.5 : 100 = 0.025$$

Für die Ermittlung der Ersatzrente in obigem Beispiel gilt damit folgendes Rechnerprogramm.

Rechnerprogramm:

Eingabe	Taste(n)	Anzeige	Bemerkungen
	[2nd] [CMR]	0.00	
3500 [x] 4 [=]	[STO]	14000.00	Ratenbetrag · Ratenzahl
3500 [x] 8 [x] 0.015 [=]	[SUM]	420.00	Ratenbetrag · Zinsfuß · α
	[RCL]	14420.00	Ersatzrente

4.2.3 Vorschüssige Renten

Bei vorschüssigen Renten sind die Rentenzahlungen, wie in Abschnitt 4.2.1 (S. 49) dargelegt, zu Beginn der jeweiligen Periode fällig.

4.2.3.1 Jährlich-vorschüssige Rentenzahlung

Da die erste Rentenrate bei vorschüssiger Zahlung zum Zeitpunkt Null fällig ist, wogegen zum Endzeitpunkt n keine Rentenrate bezahlt wird, stehen alle Rentenraten, verglichen mit einer nachschüssigen Rentenzahlung, ein Jahr länger.

Werden die Rentenraten einer jährlich-vorschüssig zahlbaren Rente mit r, ihr Barwert mit R'_0 und ihr Endwert mit R'_n bezeichnet, so gilt:

$$R'_0 = R_0 q = \frac{r}{q^{n-1}} \cdot \frac{q^n - 1}{q - 1} \qquad (4.2\text{-}7)$$

$$R'_n = R_n q = r \cdot q \frac{q^n - 1}{q - 1} \qquad (4.2\text{-}8)$$

$$r = R'_n \frac{q - 1}{q(q^n - 1)} = R'_0 \frac{q^{n-1}(q - 1)}{q^n - 1} \qquad (4.2\text{-}9)$$

$$n = \frac{\log\left[\frac{R'_n \cdot (q-1)}{r \cdot q} + 1\right]}{\log(q)} = \frac{\log\left[\frac{1}{-\frac{R'_0(q-1)}{r} + q}\right]}{\log(q)} + 1 \qquad (4.2\text{-}10)$$

$$i = 1 - \frac{R'_0}{R_0} = 1 - \frac{R'_n}{R_n} \qquad (4.2\text{-}11)$$

Läßt sich i und damit p nicht nach Formel (4.2-11) ermitteln, so sind auch hier (vgl. Abschnitt 4.2.2.1) zu dessen Ableitung Gleichungen höheren Grades erforderlich, deren Behandlung hier zu weit führen würde.

Für den Einsatz des TI-44 zur Lösung vorschüssiger Rentenprobleme ist zu beachten, daß zur Ermittlung der jeweiligen Unbekannten statt der Taste [2nd] jetzt die Taste [DUE] vor der Taste, welche das Rechnersymbol der Unbekannten trägt, gedrückt werden muß. Die Unbekannte p bei jährlich vorschüssigen Renten ergibt sich also durch die Tastenfolge [DUE] [%i]. Probleme der vorschüssigen Verzinsung lassen sich mit der Taste [DUE] allerdings nicht lösen.

Beispiel:

Auf ein Sonderkonto werden jährlich vorschüssig 624,– DM eingezahlt, um nach 12 Jahren über ein Kapital von 12 789,07 DM verfügen zu können.

a) Wie hoch muß der Zinsfuß angesetzt werden?
b) Wie hoch müßte die Einzahlung sein, um schon nach 6 Jahren auf das gewünschte Endkapital zu kommen?

Rechnerprogramm:

Eingabe	Taste(n)	Anzeige	Bemerkungen
	2nd CMR	0.00	
624	PMT	624.00	Rentenrate
12	N	12.00	Laufzeit
12789.07	FV	12789.07	Endkapital
	DUE %i	8.00	Zinsfuß (%)
6	N	6.00	Verkürzte Laufzeit
	DUE PMT	1614.21	Rentenrate

4.2.3.2 Unterjährlich-vorschüssige Rentenzahlung

Hier gelten die Ausführungen zur unterjährlich-nachschüssigen Rente (Abschnitt 4.2.2.2) entsprechend.

Für den Fall der unterjährlichen Verzinsung zu einfachen Zinsen ist es auch hier am zweckmäßigsten, eine nachschüssige Ersatzrente zu bilden. Diese wird wiederum dadurch ermittelt, daß alle unterjährlichen Rentenraten auf das Jahresende aufgezinst werden. Dabei ergibt sich unter sonst gleichen Umständen eine höhere Ersatzrente als bei nachschüssiger Zahlung, weil alle Raten jetzt eine unterjährliche Periode länger zu einfachen Zinsen stehen. Damit gilt für die Ersatzrente folgende Formel:

$$r_e = \left(\frac{i}{2}(m+1) + m\right) \cdot r \qquad (4.2\text{-}12)$$

Beispiel:

Wie hoch ist der Endwert der Rente in dem Beispiel aus Abschnitt 4.2.2.2 auf S. 53 bei vorschüssiger Ratenzahlung, wenn die Verzinsung unterjährlich zu Zinseszinsen bzw. zu einfachen Zinsen erfolgt?

Rechnerprogramm:

Eingabe	Taste(n)	Anzeige	Bemerkungen
	Unterjährliche Verzinsung zu Zinseszinsen		
	[2nd] [CMR]	0.00	
3500	[PMT]	3500.00	
4 [x] 12 [=]	[N]	48.00	
8 [÷] 4 [=]	[%i]	2.00	
	[DUE] [FV]	283292.06	Endwert
	Unterjährliche Verzinsung zu einfachen Zinsen		
	[ON/C] [2nd] [CMR]	0.00	
0.08 [÷] 2 [x] 5 [+] 4 [x] 3500			
	[=] [PMT]	14700.00	Ersatzrente nachschüssig (Formel (4.2-12))
12	[N]	12.00	
8	[%i]	8.00	
	[2nd] [FV]	278963.76	Endwert (es gilt [2nd] [FV], da die Ersatzrente nachschüssig ist)

4.2.4 Endliche Renten mit vorschüssiger und/oder unterjährlicher Verzinsung

Eine solche Ausgestaltung von Renten ist zumindest in Deutschland absolut unüblich. Auf ihre Behandlung wird daher, wie schon im Abschnitt 4.2.1 festgestellt wurde, verzichtet.

4.2.5 Ewige Renten

Eine ewige Rente ist offensichtlich nur denkbar, wenn als Rentenraten maximal die Zinsen ausbezahlt werden. Als ewige Renten werden insbesondere auch solche Fälle behandelt, in welchen eine Rentenzahlung auf unbestimmte Zeit vorgesehen ist. Ein typisches Beispiel hierfür ist der Verkauf eines Hauses auf Rentenbasis, wobei die Rente bis zum Tode des Verkäufers zu zahlen ist.

Da der Endwert einer ewigen Rente R_∞ unendlich groß ist, kann er nicht ermittelt werden. Für den Barwert gilt:

a) Bei nachschüssiger Rentenzahlung:

$$\boxed{R_\infty = \frac{r}{i}} \tag{4.2-13}$$

b) Bei vorschüssiger Rentenzahlung:

$$\boxed{R'_\infty = \frac{r}{1 - v}} \tag{4.2-14}$$

Damit lassen sich durch entsprechende Umstellung auch die Rentenrate und der Zinsfuß ermitteln. Die Laufzeit kann (wie auch der Endwert) nicht errechnet werden.

4.2.6 Aufgeschobene, abgebrochene und unterbrochene Renten

Eine aufgeschobene Rente liegt vor, wenn die Rentenzahlungen erst nach einer Leerzeit l (Wartezeit oder Karenzzeit) beginnt, die meist mehrere Jahre beträgt.

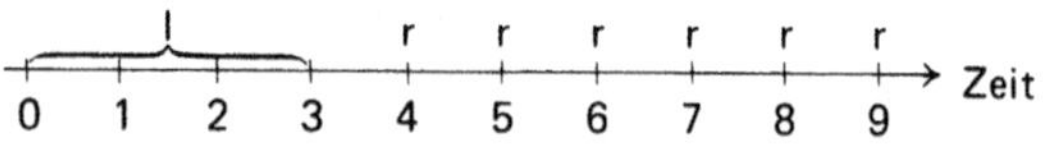

Der Endwert einer aufgeschobenen Rente wird nach den bekannten Regeln ermittelt. Um den Barwert zu berechnen, ist die Rentenreihe auf den Beginn der Leerzeit abzuzinsen. Das bedeutet, daß der auf den Beginn der mit Rentenzahlungen besetzten Perioden bezogene (vorläufige) Rentenbarwert $\overline{R}_0$ ein Zwischenergebnis darstellt, das mit Hilfe des entsprechenden Barwertfaktors v auf den Beginn der Leerzeit abzuzinsen ist.

Eine abgebrochene Rente ist gegeben, wenn die Rentenzahlungen zu einem bestimmten Zeitpunkt eingestellt werden und für den aufgelaufenen (vorläufigen) Endwert der Rente $\overline{R}_n$ noch einige Zeit Zinseszinsen zu verrechnen sind.

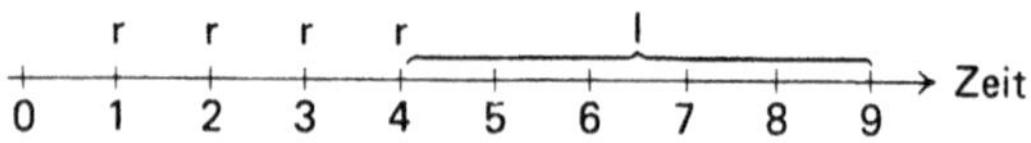

Hier bleibt die Bestimmung des Barwertes unverändert. Zur Ermittlung des Endwertes ist der auf das Ende der mit Rentenzahlungen besetzten Perioden bezogene (vorläufige) Endwert mit Hilfe des entsprechenden Aufzinsungsfaktors q bis zum Ende der Wartezeit hochzurechnen.

Im Falle der unterbrochenen Rente liegen zwischen Perioden mit Rentenzahlungen eine oder mehrere Leerzeiten.

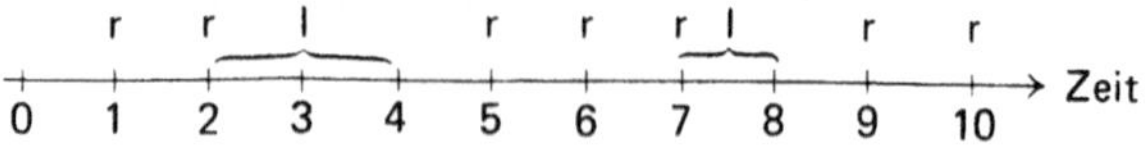

Zur Ermittlung des Barwertes ist in diesem Fall für jene Perioden, in welchen Rentenraten bezahlt werden, zunächst ein vorläufiger Barwert zu ermitteln. Diese vorläufigen Barwerte sind dann mit Hilfe des Abzinsungsfaktors v auf den Zeitpunkt 0 abzuzinsen, um auf den Barwert zu kommen. Für die Ermittlung des Endwertes sind die vorläufigen Endwerte zu errechnen und entsprechend aufzuzinsen.

Beispiel:

Im Rahmen einer Ehescheidung wird folgende Vereinbarung getroffen: Der Ehemann verpflichtet sich seiner Frau und seinem Sohn bis zu dessen Promotion, d.h. für 5 Jahre, eine monatliche Rente von 1000,– DM zu zahlen. Danach wird die Rentenzahlung bis zu Beginn des Jahres ausgesetzt, in welchem die Ehefrau ihr 60. Lebensjahr vollendet. Diese Leerzeit beträgt genau 9 Kalenderjahre. Danach ist der Frau eine lebenslange Rente von monatlich 600,– DM zu bezahlen. Zur völligen Abgeltung aller Ansprüche soll der Barwert dieser Renten zum 1.1.19.., der als Zeitpunkt 0 definiert wurde, ausbezahlt werden. Wie hoch ist dieser Barwert? Der Zinsfuß beträgt 6 %.

Lösungshinweis: Wie sich aus dem Text ergibt, handelt es sich um vorschüssige unterjährliche Renten. Diese sind in nachschüssige konforme (Jahres-)Ersatzrenten umzurechnen. Der vorläufige Barwert der zweiten Rente ist über 14 Jahre hinweg abzuzinsen.

Rechnerprogramm:

Eingabe	Taste(n)	Anzeige	Bemerkungen
	[2nd] [CMR]	0.00	
12 [+] 1 [x] 0.03 [+] 12 [x]			
	1000 [=]	12390.00	Ersatzrente 1 (nachschüssig)
	[PMT]	12390.00	
5	[N]	5.00	
6	[%i]	6.00	
	[2nd] [PV] [STO]	52191.19	Barwert der 1. Rente
12 [+] 1 [x] 0.03 [+] 12 [x]			
	600 [=]	7434.00	Ersatzrente 2 (nachschüssig)
[÷] 0.03 [=]		247800.00	$\frac{r}{i}$ nach Formel (4.2-13)
1.06 [1/x] [2nd] [y^x] 14			
	[FIX] 4 [=]	0.4423	Abzinsungsfaktor v^{14}
[x] 247800 [=]		109602.18	Barwert der 2. Rente
[SUM] [RCL]		161793.37	Barwert beider Renten

4.2.7 Beispiele für die Effektivverzinsung von Renten

Im einfachsten Fall, nämlich bei einer Rente, welche jährlich-nachschüssig zahlbar und zu verzinsen ist, sind Nominalzinsfuß und Effektivzinsfuß identisch.

Bei Renten, welche jährlich-vorschüssig zahlbar, aber jährlich nachschüssig zu verzinsen sind, läßt sich der Effektivzinsfuß mit Hilfe des Rechners TI-44 über die Tasten [2nd] [%i] ermitteln. Im Beispiel aus Abschnitt 4.2.3.1 (S. 55) ergibt sich damit ein Effektivzinsfuß von 9.292 %.

Für unterjährlich zahlbare Renten mit nachschüssig-unterjährlicher Verzinsung auf Zinseszinsbasis läßt sich der Effektivzinsfuß nach dem Rechnerprogramm zu dem Beispiel aus Abschnitt 4.1.3.2.2 (S. 30) ermitteln. Außerdem wird das Problem gleich anschließend in anderem Zusammenhang nochmals aufgegriffen.

Für unterjährlich zahlbare Renten mit unterjährlicher Verzinsung zu einfachen Zinsen wird vorgeschlagen, den Effektivzinsfuß nach dem in folgendem Beispiel gewählten Verfahren zu errechnen.

Beispiel:

Eine Rente von 30,– DM wird vierteljährlich nachschüssig bezahlt. Die Verzinsung erfolgt unterjährlich zu einfachen Zinsen. Die Laufzeit beträgt 10 Jahre, der Zinsfuß 6 % jährlich. Die Ersatzrente beträgt nach Formel (4.2-5) 122,70 DM.

a) Wie hoch ist die Effektivverzinsung dieser Rente?
b) Wie hoch wäre der Effektivzinsfuß bei unterjährlicher Verzinsung zu Zinseszinsen?

Rechnerprogramm:

Eingabe	Taste(n)	Anzeige	Bemerkungen
	Unterjährliche Verzinsung zu einfachen Zinsen		
	[2nd] [CMR]	0.00	
122.7	[PMT]	122.70	Eingabe der Ersatzrente
10	[N]	10.00	
6	[%i]	6.00	
	[2nd] [FV]	1617.28	
40	[N]	40.00	Zahl der unterjährlichen Perioden insgesamt
30	[PMT]	30.00	
	[2nd] [%i] [FIX] 4	1.4686	Periodischer Zinsfuß
	[2nd] [CMR] [%i]	1.4686	Löschen der Register erforderlich
4	[N]	4.0000	Unterjährliche Perioden pro Jahr

100	[PV]	100.0000	frei wählbares PV
	[2nd] [FV]	106.0053	
1	[N]	1.0000	
	[2nd] [%i]	6.0053	Effektivzinsfuß (%)
	Unterjährliche Verzinsung zu Zinseszinsen		
	[FIX] 2	6.01	
4	[N]	4.00	
1.5	[%i]	1.50	
100	[PV]	100.00	
	[2nd] [FV]	106.14	
1	[N]	1.00	
	[2nd] [%i]	6.14	Effektivzinsfuß (%)

Im Falle der unterjährlichen Verzinsung zu Zinseszinsen würde sich für obiges Beispiel ein Endkapital von 1628,04 DM ergeben.

Auch die Effektivverzinsung von Renten, die nicht nur mit einer bestimmten Verzinsung, sondern darüberhinaus noch mit besonderen Leistungen (Boni, Prämien u.a.) verbunden sind, läßt sich nach dem im letzten Beispiel gezeigten Rechengang ermitteln. Dabei ist zu beachten, daß die Sonderleistungen das Endkapital entsprechend erhöhen.

4.2.8 Anwendungsbeispiele für Sparer

4.2.8.1 Sparbuch (Sparplan) mit Bonus

Bei dieser Sparform gibt es zwei Varianten. Es kann entweder in regelmäßiger Folge (z.B. monatlich) ein bestimmter Betrag auf ein Sparkonto einbezahlt werden, oder es erfolgt nur eine einmalige Zahlung. In beiden Fällen wird das Geld auf 5 Jahre fest angelegt. Das Guthaben wird wie langfristige Sparanlagen verzinst. Dazu kommt am Ende der Laufzeit ein Bonus, der meist 2 % der Einzahlungen ausmacht.

Beispiel:

Ein Sparer verpflichtet sich, ab dem 1.1. fünf Jahre lang monatlich 100,– DM auf ein Sparbuch einzuzahlen. Der Zinsfuß soll konstant 5 % betragen. Am Ende der Laufzeit wird ein Bonus von 2 % der Einzahlung gewährt.

a) Wie hoch sind Endkapital, Zinsen und Bonus?
b) Welche Effektivverzinsung ergibt sich?

Lösungshinweise: Es handelt sich um eine vorschüssige unterjährliche Rente. Dabei stehen die monatlichen Einzahlungen zu einfachen Zinsen, die Zinsgutschrift erfolgt jeweils zum Jahresende. Es ist deshalb eine konforme Ersatzrente nach Formel (4.2-12) zu ermitteln.

Rechnerprogramm:

Eingabe	Taste(n)	Anzeige	Bemerkungen
	[2nd] [CMR]	0.00	
0.05 [÷] 2 [x] 13 [+] 12			
	[x] 100 [=] [PMT]	1232.50	Ersatzrente nach Formel (4.2-12) (m + 1) = 12 + 1 = 13
5	[N]	5.00	
5	[%i]	5.00	
	[2nd] [FV] [STO]	6810.34	Endkapital ohne Bonus
5 [x] 12 [x] 100 [=]		6000.00	Summe der Einzahlungen
	[x] 2 [%] [=]	120.00	Bonus
	[SUM] [RCL] [STO]	6930.34	Endkapital mit Bonus
6000 [+] 120 [=] [+/−] [SUM] [RCL]			
		810.34	Summe Zinsen
6930.34	[FV]	6930.34	Endkapital mit Bonus
60	[N]	60.00	
100	[PMT]	100.00	
	[DUE] [%i] [FIX] 4	0.4632	Periodischer Zinsfuß
	[2nd] [CMR] [%i]	0.4632	
12	[N] [FIX] 2	12.00	
100	[PV]	100.00	
	[2nd] [FV]	105.70	
1	[N]	1.00	
	[2nd] [%i]	5.70	Effektivzinsfuß

Übungsaufgabe Ü4.2.8:

Wie hoch wäre der Effektivzinsfuß in obigem Beispiel, wenn der Zinssatz 6 % und der Bonus 3 % betragen würde?

4.2.8.2 Bausparen

Die Entwicklung des Guthabens und die Effektivverzinsung von Bausparverträgen hängen nicht nur von Höhe und Zeitpunkt der Einzahlungen ab, sondern auch von den Stichtagen, die für die Verzinsung maßgebend sind (Zinsstichtage) und dem Zeitpunkt der Gutschrift von Wohnungsbauprämien. Es können deshalb nur Beispiele gezeigt werden, die auf ganz bestimmten Annahmen beruhen. Um Vergleichsmöglichkeiten zu haben, wurden die folgenden Beispiele anhand des jedermann zugänglichen Prospektmaterials einer großen Bausparkasse gestaltet.

Zur staatlichen Förderung des Bausparens siehe Abschnitt 4.1.3.5.5 (Tabelle 4.2, S. 43).

Beispiel:

Ein alleinstehender Arbeitnehmer hat am 30.12. einen Bausparvertrag über eine Bausparsumme von 20 000,– DM abgeschlossen. Die Abschlußgebühr beträgt 1 % der Bausparsumme. Um Zinsverluste zu vermeiden, zahlt der Sparer 7 Jahre lang zu den Zinsstichtagen der Bausparkasse (30.4., 31.8. und 31.12.) jeweils 266,67 DM ein. Um das zur Zuteilung notwendige Mindestguthaben zu erreichen, zahlt der Sparer zum 1.1. des 8. Jahres weitere 1200,– DM ein. Für seine Einzahlungen erhält der Sparer eine Wohnungsbauprämie von 18 % (maximal 144,– DM). Dabei wird angenommen, daß die Prämien dem Konto jeweils zum 31.8. des folgenden Jahres gutgeschrieben werden. Die Verzinsung des jeweiligen Guthabens beträgt 3 %.

a) Wie hoch ist das Guthaben zum 1.1. des 8. Jahres? Wird das zur Zuteilung erforderliche Mindestguthaben von 40 % der Bausparsumme erreicht?
b) Welcher Betrag steht dem Bausparer als Eigenkapital insgesamt zur Verfügung, wenn der Vertrag im 1. Quartal des 8. Jahres zugeteilt wird? Wie hoch ist der Wert dieses Guthabens zum 1.1. des 8. Jahres?
c) Welcher Effektivzins wird zum 31.12. des 7. Jahres erreicht?

Gebühren für die Kontoführung, Bearbeitung von Prämienanträgen usw. sollen der Einfachheit halber pauschal mit 80,– DM berücksichtigt werden.

Lösungshinweis: Da die Einzahlungen unterjährlich-nachschüssig erfolgen, ist die Ersatzrente (Formel (4.2-5)) zu ermitteln. Die Prämien 1 bis 5 sind jeweils zum 31.12. aufzuzinsen und bilden dann eine vorschüssige Rente. Auch die 6. Prämie ist noch aufzuzinsen. Die Prämien 7 und 8 sind zur Ermittlung des Wertes der Leistungen in 7 Jahren entsprechend abzuzinsen. Zur Errechnung der Effektivverzinsung nach 7 Jahren sind die letzte Zahlung von 1200,– DM und die darauf entfallende Prämie außer Ansatz zu lassen.

Rechnerprogramm:

Eingabe	Taste(n)	Anzeige	Bemerkungen
Ermittlung des Guthabens zum 5.1. des 8. Jahres und des Eigenkapitals			
	[2nd] [CMR]	0.00	
0.03 [÷] 2 [x] 2 [+] 3 [x] 266.67 [=]		808.01	Ersatzrente Formel (4.2-5) (m − 1) = 3 − 1 = 2
	[PMT]	808.01	
7	[N]	7.00	
3	[%i]	3.00	
	[2nd] [FV] [STO]	6191.35	Wert der Einzahlung Ende des 7. Jahres
144 [x] 1.01 [=]	[PMT]	145.44	Aufgezinste Prämie
5	[N]	5.00	
	[DUE] [FV] [SUM]	795.33	Wert der Prämien 1 bis 5 zum Ende des 7. Jahres
145.44	[SUM]	145.44	Wert der 6. Prämie zum Ende des 7. Jahres
1200	[SUM]	1200.00	Einzahlung 8. Jahr
1.03 [2nd] [y^x] 7 [x] 200 [=] [+/−]		− 245.97	Aufgezinste Abschlußgebühr
[SUM] 80 [+/−] [SUM] [RCL]		8006.14	Guthaben zum 5.1. des 8. Jahres (80.− DM Gebühren)
20000 [x] 40 [%] [=]		8000.00	Mindestguthaben also erreicht
144 [SUM] 144 [SUM] [RCL]		8294.14	Eigenkapital (incl. Prämie 7 und 8-ohne Abzinsung)
1.02 [1/x] [x] 144 [=] [SUM]		141.18	Abzinsung der Prämien 7 und 8 auf den 1.1. des 8. Jahres [1)
1.03 [1/x] [x] 141.18 [=] [SUM]		137.07	
288 [+/−] [SUM] [RCL]		8284.38	Wert des Eigenkapitals zum 1.1. des 8. Jahres [2)
137.09 [+] 1200 [=] [+/−] [SUM] [RCL]		6947.29	Wert der Leistungen in 7 Jahren (incl. Prämie für das 7. Jahr zum Ende des 7. Jahres)

1) 2) Fußnoten siehe Seite 65

Ermittlung des Effektivzinsfußes			
Hier begnügt sich die Bausparkasse damit, den Wert der Leistungen in 7 Jahren von 6947.29 DM zu der Ersatzrente in Beziehung zu setzen. Der Effektivzins ist dann wie folgt zu ermitteln:			
6947.29	[FV]	6947.29	
808.01	[PMT]	808.01	
7	[N]	7.00	
	[2nd] [%i]	6.79	Effektivzinsfuß (%)
Soll berücksichtigt werden, daß die Zahlungen unterjährlich erfolgen, so ist, wie in Abschnitt 4.2.7 dargelegt, folgendermaßen zu verfahren:			
3 [x] 7 [=]	[N]	21.00	
266.67	[PMT]	266.67	
6947.29	[FV]	6947.29	
	[2nd] [%i]	2.10	Periodischer Zinsfuß
	[2nd] [CMR] [%i]	2.10	
3	[N]	3.00	
100	[PV]	100.00	
	[2nd] [FV]	106.43	
1	[N]	1.00	
	[2nd] [%i]	6.43	Effektivzinsfuß unter Berücksichtigung der unterjährlichen Zahlung

1) Die Prämie für das 7. Jahr ist um 3/4 Jahre, die für das 8. Jahr um 1 3/4 Jahre abzuzinsen.

2) Die im Eigenkapital enthaltenen vollen Prämien für das 7. und 8. Jahr sind abzuziehen, da für die Ermittlung des Wertes des Eigenkapitals zum 1.1. des 8. Jahres der oben ermittelte Barwert der Prämien 7 und 8 anzusetzen ist.

4.2.8.3 Ratensparverträge

Wegen der staatlichen Vergünstigungen für solche Verträge wird auf Abschnitt 4.1.3.5.5 (Tabelle 4.1, S. 42) hingewiesen.

Beispiel:

Ein Ehepaar mit 2 Kindern unter 18 Jahren (ein Ehepartner berufstätig) zahlt ab 1.1. monatlich 186,– DM auf einen Ratensparvertrag ein. Es werden alle staatlichen Vergünstigungen in Anspruch genommen (einschließlich der Sparzulage). Die Raten werden zu 5,25 % verzinst.

Bei der Auszahlung des Guthabens werden von der betreffenden Sparkasse 5,– DM je Prämienantrag einbehalten.

a) Wie hoch ist das Guthaben am Ende der Laufzeit von 7 Jahren?
b) Wie hoch ist die Effektivverzinsung ohne und mit Berücksichtigung der Sparzulage?

Rechnerprogramm:

Eingabe Taste(n)	Anzeige	Bemerkungen
Ermittlung des Guthabens zum Ende des 7. Jahres		
[2nd] [CMR]	0.00	
0.0525 [÷] 2 [x] 13 [+] 12 [=]	12.34	Nach Formel (4.2-12)
[x] 186 [=] [PMT]	2295.47	
6 [N] 5.25 [%i] [2nd] [FV]	15712.15	Wert der Zahlungen zum Ende des 6. Jahres
[x] 1.0525 [=] [STO]	16537.03	Wert der Zahlungen zum Ende des 7. Jahres
1600 [+] 624 [x] 18 [%] [=] [PMT]		
	400.32	Jährliche Gesamtprämie (vorschüssig)
6 [N] 4 [%i] [DUE] [FV]	2761.53	
[SUM] [RCL]	19298.56	Guthaben am Ende des 7. Jahres vor Gebührenabzug
5 [x] 6 [=] 30 [+/–] [SUM] [RCL]		
	19268.56	Guthaben nach Abzug der Gebühren

Effektivverzinsung ohne Sparzulage		
1.04 [1/x] [x] 2761.53 [=]	2655.32	
[+] 15712.15 [=] [FV]	18367.47	Wert Einzahlungen plus Prämien Ende des 6. Jahres
72 [N] 186 [PMT] [DUE] [%i]	0.83	Periodischer Zins
[2nd] [CMR] [%i]	0.83	
12 [N] 100 [PV] [2nd] [FV]	110.41	
[−] 100 [=]	10.41	Effektivzins (%) für 6 Jahre
18367.47 [PV] 19268.56 [FV]		
1 [N] [2nd] [%i]	4.91	Effektivzins (%) im 7. Jahr
10.41 [x] 6 [+] 4.91 [÷] 7 [=]	9.62	Effektivzinsfuß (%) als gewichteter Durchschnitt für 7 Jahre

Effektivverzinsung mit Sparzulage		
52 [x] 30 [%] [=]	15.60	Spareinlage
[+/−] [+] 186 [=] [PMT]	170.40	Monatsrate minus Sparzulage
72 [N] 18367.47 [FV] [DUE] [%i]	1.05	Periodischer Zins
[2nd] [CMR] [%i]	1.05	
12 [N] 100 [PV] [2nd] [FV]	113.31	
[−] 100 [=]	13.31	Effektivzins (%) für 6 Jahre
[x] 6 [+] 4.91 [÷] 7 [=]	12.11	Effektivzinsfuß (%) als gewichteter Durchschnitt für 7 Jahre

4.2.9 Anwendungsbeispiele für Kreditnehmer

4.2.9.1 Persönlicher Kleinkredit

Es handelt sich hier um Kredite, die 5000,– DM kaum übersteigen. Die Laufzeit geht selten über 36 Monate hinaus. Die Rückzahlung erfolgt in monatlichen Raten. Die Zinsen werden pro Monat angegeben und sind während der gesamten Laufzeit vom vollen Kreditbetrag zu zahlen. Dazu kommt meist eine einmalige Bearbeitungsgebühr; weitere Gebühren sowie eine Vermittlerprovision sind nicht selten. Zu beachten ist ferner, daß ein Teil dieser Kosten vielfach vorweg bei der Auszahlung abgezogen wird, so daß der zurückzuzahlende (Kredit-)Betrag und der ausbezahlte Betrag verschieden hoch sind. Da solche Kredite eigentlich nur über den Effektivzinsfuß vergleichbar sind, wurden Kreditinstitute, Kreditvermittler usw. durch die Verordnung über Preisangaben vom 10.5.1973 für das Gebiet der Bundesrepublik Deutschland verpflichtet, bei Ratenkrediten jeweils die Effektivverzinsung anzugeben. Deren Ermittlung erfolgt bislang ganz überwiegend nach der sogenannten Uniformmethode. Dabei gilt bei monatlichen Raten, sofern der Kreditbetrag voll ausbezahlt wird, folgende Formel:

$$p_e = \frac{24 \cdot p_m \cdot L_m}{L_m + 1} \cdot \frac{24 \cdot B_k}{L_m + 1} \tag{4.2-15}$$

Stimmen Kreditbetrag und ausbezahlter Betrag nicht überein, so gilt:

$$p_e = \frac{2400 \cdot (i_m \cdot L_m \cdot K_0 + G_k)}{B_a \cdot (L_m + 1)} \tag{4.2-16}$$

Die Bedeutung der Symbole ergibt sich aus folgender Aufstellung:

Symbol	Bedeutung
p_e	Effektiver Jahreszinsfuß
p_m	Monatszinsfuß
i_m	$\frac{p_m}{100}$
L_m	Laufzeit in Monaten
K_0	Kreditbetrag
B_k	Bearbeitungskosten in % vom Darlehen
B_a	Ausgezahlter Betrag
G_k	Gesamtkreditkosten in DM (ohne Zinsen)
Z	Zinsen

Werden die monatlichen Rückzahlungsraten mit r_m und die Zinsen mit Z bezeichnet, so gilt:

$$r_m = \frac{K_0 + Z + G_k}{L_m} \tag{4.2-17}$$

$$Z = K_0 \cdot L_m \cdot i_m \tag{4.2-18}$$

Da die Uniformmethode aber zu verhältnismäßig ungenauen Ergebnissen führt und insbesondere langfristige Ratenkredite verhältnismäßig günstiger erscheinen läßt als kurzfristige, hat der Bund-Länder-Ausschuß „Preisauszeichnung" am 25.10.1979 ein Papier verabschiedet, das die Ermittlung des Effektivzinsfußes auf finanzmathematischen Grundlagen verlangt. Eine entsprechende Regelung soll von den Ländern am 30.6.1980 in Kraft gesetzt werden. Für das Land Baden-Württemberg ist das bereits geschehen.

Schließlich ist noch darauf hinzuweisen, daß die Kreditinstitute als Effektivzinsfuß vielfach nur jenen Effektivzinsfuß pro Jahr angeben, der sich ergibt, wenn man den Monatszinsfuß entsprechend umrechnet. Tatsächlich sind bei der Ermittlung des effektiven Jahreszinsfußes aber auch die Gebühren für den Kredit zu berücksichtigen, wodurch sich der Effektivzinsfuß beträchtlich erhöhen kann. Dieser Effektivzinsfuß wird von den Kreditinstituten zum Teil als effektive Gesamtbelastung im Jahr bezeichnet.

Beispiel:

Eine Bank vergibt einen Ratenkredit über 4000,– DM zu folgenden Bedingungen: Monatszins 0,45 %, Bearbeitungsgebühr 2 %, Laufzeit 6 Monate.

a) Wie hoch sind die zu zahlenden Monatsraten?
b) Wie hoch ist der Effektivzinsfuß nach der Uniformmethode und auf finanzmathematischer Grundlage?
c) Wie würde der Effektivzinsfuß aussehen, wenn vom Kreditbetrag zusätzlich eine Antragsgebühr von 10,– DM einbehalten und pro Rate 0,50 DM Inkassospesen erhoben würden.

Lösungshinweis: Finanzmathematisch betrachtet, handelt es sich bei den Ratenkrediten um Renten.

Rechnerprogramm:

Eingabe	Taste(n)	Anzeige	Bemerkungen
	Lösung nach der Uniformmethode		
	[2nd] [CMR]		
0.45 [x] 6 [=]		2.70	Zinssatz für 6 Monate
4000 [x] 2.7	[%] [=] [STO]	108.00	Gesamtzinsen
4000 [x] 2	[%] [=] [SUM]	80.00	Bearbeitungsgebühr
	[RCL]	188.00	Gesamtkosten
4000 [SUM]	[RCL]	4188.00	Kredit plus Kosten
[÷] 6 [=]		698.00	Monatsrate (Lösung a)
6 [+] 1 [=] [1/x] [x] 24 [x] 0.45			
[x] 6 [=] [STO]		9.26	Nach Formel (4.2-15)
6 [+] 1 [=] [1/x] [x] 24 [x] 2 [=]		6.86	

[SUM] [RCL]	16.11	Effektivzinsfuß (Lösung b)
0.0045 [x] 6 [x] 4000 [+] 80 [+] 10		Nach Formel (4.2-16)
[=] [STO]	198.00	
6 [x] 0.5 [=] [SUM] [RCL] [x] 2400		
[=] [STO]	482400.00	
6 [+] 1 [x] 3990 [=]	27930.00	
[1/x] [x] [RCL] [=]	17.27	Effektivzinsfuß (Lösung c)
Finanzmathematische Lösung		
[ON/C] [2nd] [CMR]	0.00	
698 [PMT]	698.00	Monatsrate (s. oben)
6 [N]	6.00	
4000 [PV]	4000.00	
[2nd] [%i]	1.33	Periodischer Zinsfuß
[2nd] [CMR]	1.33	Effektivzinsberechnung wie in Abschnitt 4.1.3.2.2 (S. 30)
[%i]	1.33	
12 [N]	12.00	
100 [PV]	100.00	
[2nd] [FV]	117.16	
1 [N]	1.00	
[2nd] [%i]	17.16	Effektivzinsfuß (Lösung b)

Für den Fall der Lösung c) (zusätzliche Gebühr von 10,– DM und Inkassospesen von 3,– DM) ist eine entsprechende Rechnung durchzuführen. Dabei ist aber mit einer monatlichen Rückzahlungsrate von 700,33 DM zu rechnen, weil jetzt der Kredit und sämtliche Spesen (insgesamt also 4202,– DM) auf die Laufzeit von 6 Monaten zu verteilen sind. Der ausgezahlte Betrag (PV) beträgt nur 3990,– DM, so daß sich ein Effektivzinsfuß von 19,55 % ergibt. Dabei wurde der Umstand bewußt vernachlässigt, daß die Inkassospesen zu verschiedenen Terminen anfallen. Ferner ist darauf hinzuweisen, daß Monatsraten, die auf Pfennigbeträge lauten, in der Praxis unüblich sind. Dies wird im nächsten Abschnitt in die Überlegungen einbezogen werden.

4.2.9.2 Anschaffungsdarlehen

Das Anschaffungsdarlehen unterscheidet sich vom persönlichen Kleinkredit eigentlich nur durch Laufzeit und Höhe. Die Laufzeit kann hier sechs Jahre und mehr betragen. Der Kreditbetrag liegt in der Regel zwischen 5000,– DM und 20 000,– DM. Ansonsten kann auf die Ausführungen im vorigen Abschnitt verwiesen werden.

Beispiel:

Familie Schulze nimmt zum Kauf einer neuen Küche ein Anschaffungsdarlehen von 10 000,– DM auf. Der Monatszins beträgt 0,5 %, die Bearbeitungsgebühr 3 %, die Laufzeit 72 Monate. Um bei den monatlichen Raten Pfennigbeträge zu vermeiden, wurde die erste Rate auf 197, – DM, die weiteren Raten auf 193,– DM festgelegt.

a) Wie hoch ist der zurückzuzahlende Gesamtbetrag?

b) Wie hoch ist die Effektivverzinsung nach der Uniform- und nach der finanzmathematischen Methode?

Rechnerprogramm:

Eingabe	Taste(n)	Anzeige	Bemerkungen
	Lösung nach der Uniformmethode		
	[2nd] [CMR]	0.00	
71	[x] 193 [+] 197 [=]	13900.00	Rückzahlungsbetrag
72	[+] 1 [=] [1/x] [x] 24 [x] 0.5		Berechnung nach Formel (4.2-15)
	[x] 72 [=] [STO]	11.84	
72	[+] 1 [=] [1/x] [x] 24 [x] 3		
	[=] [SUM] [RCL]	12.82	
	Finanzmathematische Lösung		
	[ON/C] [2nd] [CMR]	0.00	Wie im vorigen Abschnitt
13900	[÷] 72 [=] [PMT]	193.06	
72	[N]	72.00	
10000	[PV]	10000.00	
	[2nd] [%i]	0.96	
	[2nd] [CMR] [%i]	0.96	
12	[N]	12.00	
100	[PV]	100.00	
	[2nd] [FV]	112.16	
1	[N]	1.00	
	[2nd] [%i]	12.16	

Es wird vereinfacht mit 72 Raten zu 193.06 DM gerechnet, statt mit 1 Rate zu 197.– DM und 71 Raten zu 193.– DM.

Übungsbeispiel Ü4.2.9:

Ein Anschaffungskredit von 20 000,– DM kostet bei einer Laufzeit von 60 Monaten 0,8 % Zinsen pro Monat. Dazu kommt eine Bearbeitungsgebühr von 2 %.

a) Wie hoch ist der Effektivzinsfuß?

b) Wie hoch wäre der Effektivzinsfuß, wenn zusätzlich 190,– DM Provision, 50,– DM Antragsgebühr und 1,– DM Inkassospesen pro Rückzahlungsrate verlangt werden, wobei die Provision bei der Kreditauszahlung einbehalten wird.

Die Lösung soll auf finanzmathematischem Wege erfolgen.

4.3 Tilgungsrechnung

4.3.1 Formen

Die Tilgung eines Kredits kann entweder in einer Summe oder ratenweise (siehe Abschnitt 4.1.3.6) erfolgen, wobei die Raten in regelmäßigen oder unregelmäßigen Zeitabständen fällig sein können. Für die Wirtschaftspraxis ist allerdings nur der Fall der Tilgung von Krediten in Teilbeträgen in regelmäßigen Abständen von Interesse. Dabei ist die letzte Tilgungsrate zum Ende der Kreditlaufzeit fällig. Insoweit ist die Tilgung in konstanten Abständen ein Sonderproblem der Rentenrechnung. Die Tilgungsrechnung unterscheidet sich aber insofern im Ansatz von der Rentenrechnung, als es hier darauf ankommt, sogenannte Tilgungspläne zu erstellen, aus welchen der Schuldner die auf ihn zukommenden finanziellen Belastungen während der ganzen Laufzeit des Kredits ablesen kann. Dabei spielen neben den Tilgungsraten (T) natürlich auch die zu bezahlenden Zinsen (Z) eine wichtige Rolle. Der zu einem bestimmten Fälligkeitstermin für Zinsen und Tilgung zu bezahlende Betrag heißt Annuität (A). Es gilt also

$$\boxed{A = T + Z} \qquad (4.3\text{-}1)$$

Für den Fall der Tilgung in mehreren Teilbeträgen werden üblicherweise die Ratentilgung (Tilgungsdarlehen) und die Annuitätentilgung (Annuitätendarlehen) unterschieden.

a) Bei der Ratentilgung wird ein jeweils gleichhoher Betrag der Schuld (konstante Tilgungsrate) zurückbezahlt. Die Zinsen werden i.d.R. auf der Basis der jeweiligen Restschuld berechnet, so daß sie bei fortschreitender Tilgung immer kleiner werden, womit, da die Tilgungsrate gleichbleibt, auch die Annuität abnimmt.

b) Bei der Annuitätentilgung wird die Annuität konstant gehalten. Die Zinsen nehmen auch hier mit fortschreitender Tilgung ab. Die Zinsersparnis führt hier aber nicht zu einer Verringerung der Annuität, sie wird vielmehr der

Tilgungsrate zugeschlagen. Damit wird die Tilgungsrate im Laufe der Zeit immer größer, so daß die Restschuld mit zunehmender Tilgungsdauer immer schneller abnimmt (siehe Abb. 4.2).

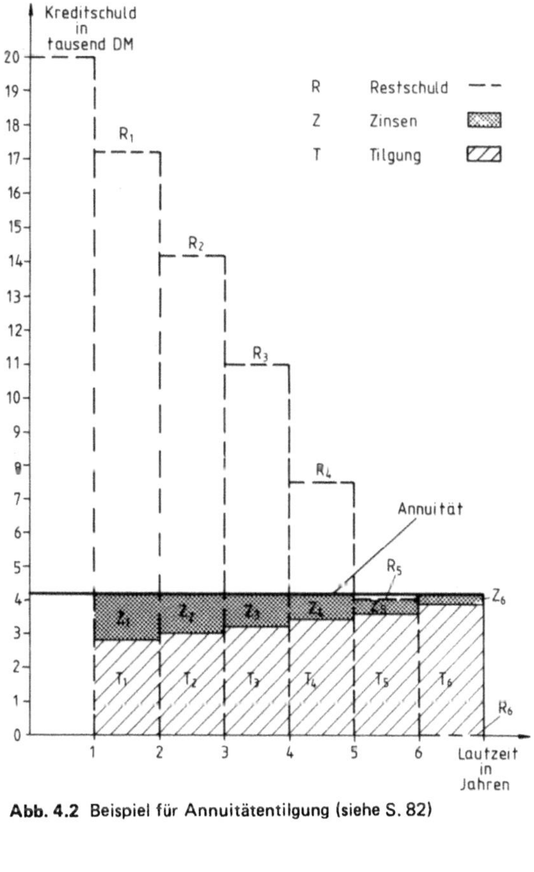

Abb. 4.2 Beispiel für Annuitätentilgung (siehe S. 82)

Ferner ist folgendes zu beachten:

a) Die Annuitäten (also Zins und Tilgung) können einerseits jährlich oder unterjährlich und andererseits vor- oder nachschüssig zahlbar sein.

b) Die Zinsen können jährlich oder unterjährlich fällig sein, sie können vorschüssig oder nachschüssig erhoben werden.

c) Die Auszahlung des Kredits kann zu 100 % oder unter Abzug eines Disagios erfolgen, so daß die Kreditsumme nicht voll ausgezahlt wird. Die Auszahlung kann z.B. 98 % betragen.

d) Für den Beginn der Tilgung können sogenannte Freijahre vereinbart werden. Das bedeutet, daß der Kredit zunächst nur verzinst werden muß, wogegen die Tilgung erst nach einer durch die Freijahre bestimmten Verzögerung beginnt.

e) Als weitere Kreditkosten fallen bei bestimmten Kreditarten (z. B. Grundschulden) Kosten für Notar und Grundbucheintragung an.

Aus den oben dargelegten Merkmalen ergibt sich eine Vielzahl von Kombinationen für die Tilgungs- und Verzinsungsmodalitäten eines Kredits. Hier können nur die auch für die Praxis wichtigen Fälle der nachschüssigen-jährlichen Zahlung von Zins und Tilgung und der nachschüssigen-unterjährlichen Zahlung von Zins und Tilgung behandelt werden. Dazu kommen die Probleme, welche aus der Gewährung von Freijahren und des Abzuges eines Disagios entstehen.

4.3.2 Tilgungsdarlehen (Ratentilgung)

4.3.2.1 Zins und Tilgung jährlich-nachschüssig zahlbar

Da die Tilgung T der Schuldsumme S hier in n gleichen Teilbeträgen erfolgen soll, gilt:

$$\boxed{T = \frac{S}{n}} \qquad (4.3\text{-}2)$$

Für die Ermittlung der Restschuld RS_r und der Höhe der Zinsen zum Ende des r-ten Jahres Z_r gilt:

$$RS_r = T\,(n - r) \qquad (4.3\text{-}3)$$

$$Z_r = T\,(n - r + 1)\,i \qquad (4.3\text{-}4)$$

Daraus folgt für die Zusammensetzung der Annuität für das r-te Jahr:

$$\boxed{A_r = T\,(1 + (n - r + 1)\,i)} \qquad (4.3\text{-}5)$$

Beispiel:

Ein Kredit über 50 000,– DM soll in 5 gleichen Jahresraten zurückgezahlt werden. Der Zinsfuß beträgt 6 %. Es soll der entsprechende Tilgungsplan erstellt werden.

Rechnerprogramm:

Eingabe	Taste(n)	Anzeige	Bemerkungen
	[2nd] [CMR]	0.00	
50000	[STO] [÷] 5 [=]	10000.00	Tilgungsrate pro Jahr
	[RCL] [x] 6 [%] [=]	3000.00	Zinsen 1. Jahr
10000	[+/−] [SUM]	−10000.00	Tilgung 1. Jahr
	[RCL]	40000.00	Restschuld nach 1 Jahr
	[x] 6 [%] [=]	2400.00	Zinsen 2. Jahr
10000	[+/−] [SUM]	−10000.00	Tilgung 2. Jahr
	[RCL]	30000.00	Restschuld nach 2 Jahren
	[x] 6 [%] [=]	1800.00	Zinsen 3. Jahr
10000	[+/−] [SUM]	−10000.00	Tilgung 3. Jahr
	[RCL]	20000.00	Restschuld nach 3 Jahren
	[x] 6 [%] [=]	1200.00	Zinsen 4. Jahr
10000	[+/−] [SUM]	−10000.00	Tilgung 4. Jahr
	[RCL]	10000.00	Restschuld nach 4 Jahren
	[x] 6 [%] [=]	600.00	Zinsen 5. Jahr
10000	[+/−] [SUM]	−10000.00	Tilgung 5. Jahr
	[RCL]	0.00	Restschuld nach 5 Jahren

4.3.2.2 Zins und Tilgung unterjährlich-nachschüssig zahlbar

In diesem Fall gibt es m Zins- und Tilgungsperioden pro Jahr. Bei einer Laufzeit von n Jahren ergeben sich also m · n Zins- und Tilgungsstichtage. Damit gilt:

$$T = \frac{S}{m \cdot n} \tag{4.3-6}$$

Werden die unterjährlichen Perioden mit u bezeichnet, so gilt jeweils für das Ende der u-ten Periode des r-ten Jahres:

$$RS_{u/r} = T\,(m\,(n - r + 1) - u) \tag{4.3-7}$$

$$Z_{u/r} = T\,(m\,(n - r + 1) - u + 1)\,i^* \tag{4.3-8}$$

$$A_{u/r} = T\,[1 + (m\,(n - r + 1) - u + 1)\,i^*] \tag{4.3-9}$$

$$i^* = \frac{i}{m} \text{ (vgl. Abschnitt 4.1.3.2.2)} \tag{4.3-10}$$

Für das Verständnis obiger Formeln ist es wichtig zu wissen, daß bei unterjährlich-nachschüssiger Ratentilgung (unterjährlich-nachschüssige Bezahlung von Zins und Tilgung) die eigentlich erst jährlich-nachschüssig fälligen Zinsen bereits unterjährlich auf der Basis des periodischen Zinsfußes in Rechnung gestellt werden.

Beispiel:

Ein Kredit über 80 000,– DM soll in 5 Jahren in gleichen vierteljährlichen Raten getilgt werden. Der Zinsfuß beträgt 10 % pro Jahr.

a) Es ist ein Tilgungsplan für die ersten 12 Monate aufzustellen.
b) Wie hoch ist die Zahlung für Zins und Tilgung zum Ende der 3. unterjährlichen Periode des 4. Jahres?

Rechnerprogramm:

Eingabe	Taste(n)	Anzeige	Bemerkungen
	Tilgungsplan		
	[2nd] [CMR]	0.00	
10	[÷] 4 [=]	2.50	Periodischer Zinsfuß
4	[x] 5 [=] [1/x] [x] 80000 [STO] [=]		
		4000.00	Vierteljährl. Tilgungsrate
	[RCL] [x] 2.5 [%] [=]	2000.00	Zinsen 1. Quartal
4000	[+/−] [SUM]	−4000.00	Tilgung 1. Quartal
	[RCL] [x] 2.5 [%] [=]	1900.00	Zinsen 2. Quartal
4000	[+/−] [SUM]	−4000.00	Tilgung 2. Quartal
	[RCL] [x] 2.5 [%] [=]	1800.00	Zinsen 3. Quartal
4000	[+/−] [SUM]	−4000.00	Tilgung 3. Quartal
	[RCL] [x] 2.5 [%] [=]	1700.00	Zinsen 4. Quartal
4000	[+/−] [SUM]	−4000.00	Tilgung 4. Quartal
	[RCL]	64000.00	Restschuld nach 1 Jahr
	Zins und Tilgung zur 3. Periode des 4. Jahres		
5	[−] 4 [+] 1 [x] 4 [=] [−] 3 [+] 1 [=]		Berechnung der Zinsen
	[x] 0.025 [x] 4000 [=]	600.00	nach Formel (4.3-8)
	[+] 4000 [=]	4600.00	Zinsen und Tilgung

4.3.2.3 Berücksichtigung von Disagio und von Freijahren

Wird das Disagio vom beantragten und gewährten Kreditbetrag abgezogen, so spielt es für die Berechnung der Tilgungsrate, der Zinsen usw. keine Rolle. Maßgebend ist der gewährte Kreditbetrag. Die ausbezahlte Summe liegt dann aber unter dem beantragten Betrag. Um nun dem Kreditnehmer den von ihm tatsächlich benötigten Betrag zukommen zu lassen, ist es üblich, den Kredit um das Disagio zu erhöhen. In diesem Fall ist für alle Berechnungen von dem erhöhten Betrag auszugehen.

Während der Freijahre (tilgungsfreie Jahre) sind für die Schuld nur die vereinbarten Zinsen zu bezahlen. Die Tilgung setzt erst mit der vereinbarten Verzögerung ein.

Freijahre und Disagio sind insbesondere für die Effektivverzinsung von Krediten bedeutsam, deshalb wird hier zunächst auf ein Beispiel verzichtet.

4.3.2.4 Beispiele für die Effektivverzinsung bei Ratentilgung

Bei Ratenschulden, für die weder Freijahre noch ein Disagio vereinbart wurde, entspricht der Nominalzinsfuß dem Effektivzinsfuß, sofern die Zahlung von Zins und Tilgung jährlich-nachschüssig erfolgt.

Erheblich schwieriger wird die Berechnung der Effektivverzinsung, wenn Freijahre gewährt werden und/oder ein Disagio vereinbart wurde.

a) Der Effektivzinsfuß kann ohne Berücksichtigung von Zinseszinsen in einer groben Annäherung nach der Bankenformel (siehe Formel (4.1-33) auf S. 46) berechnet werden. Nach dieser Formel gilt:

$$p_e = \frac{100p}{C} + \frac{100 - C}{n}$$

Dabei steht C für den Auszahlungskurs nach Abzug des Disagios.

b) Soll der Effektivzinsfuß möglichst genau unter Berücksichtigung von Zinseszinsen ermittelt werden, so bedarf es dazu eines iterativen Verfahrens, dessen Ziel erreicht ist, wenn, bei einem Nominalkapital von 100,– DM der Barwert der Zins- und Tilgungsraten dem Ausgabekurs entspricht. Der Effektivzinsfuß p_e, der dieser Bedingung gerecht wird, ist also zu suchen. Bei dieser Berechnung des Effektivzinsfußes wird allerdings davon ausgegangen, daß sich die Annuitäten weiterhin zum Effektivzinsfuß verzinsen, was der Realität nicht zu entsprechen braucht.

Für das iterative Verfahren gelten folgende Formeln:

Jährliche Zins- und Tilgungszahlung
Auszahlung unter 100 % (Disagio)

$$C = \frac{100}{n} \cdot \left[a_{n/e} + \frac{p}{p_e} \cdot (n - a_{n/e})\right] \qquad (4.3\text{-}11)$$

$$a_{n/e} = \frac{q_e^n - 1}{q_e^n (q_e - 1)} = \text{Rentenbarwertfaktor} \qquad (4.3\text{-}12)$$

Jährliche Zins- und Tilgungszahlung mit Freijahren

$$C = p \cdot a_{k/e} + \frac{100}{n} \cdot \left[a_{n/e} + \frac{p}{p_e} \cdot (n - a_{n/e})\right] \cdot \frac{1}{q_e^k} \qquad (4.3\text{-}13)$$

k = Zahl der Freijahre

Auch bei unterjährlicher Zinszahlung und jährlicher Tilgung muß der Effektivzinsfuß durch Iteration ermittelt werden. Für den häufigen Fall der halbjährlichen Fälligkeit der Zinsen gilt:

$$C = \frac{100}{n} \cdot \left[a_{n/e} + \frac{p}{p_e} \cdot (n - a_{n/e})\right] + \frac{p}{4} \cdot \left(1 - \frac{a_{n/e}}{n}\right) \qquad (4.3\text{-}14)$$

Beispiel:

Eine Schuld wird in 5 gleichen Jahresraten zurückgezahlt. Der Zinsfuß beträgt 6 %. Wie hoch ist die Effektivverzinsung bei einer Auszahlung von 98 %? Die Aufgabe soll nach Formel (4.3-11) gelöst werden.

Lösungshinweis: Der Rentenbarwertfaktor läßt sich mit Hilfe der im TI-44 vorprogrammierten Funktionen ermitteln. Dabei ist von einer Rente von 1,– DM auszugehen.

Rechnerprogramm:

Eingabe	Taste(n)	Anzeige	Bemerkungen
Die Iteration soll mit 6.55 % begonnen werden			
	[2nd] [CMR]	0.00	
1. Iteration (p_e = 6.55 %)			
1	[PMT] 6.55 [%i] 5 [N]		
	[2nd] [PV] [FIX] 4	4.1501	Rentenbarwertfaktor ($a_{5/e}$)
	[+/−] [STO] 5 [SUM] [RCL]	0.8499	($n - a_{n/e}$) = (5 − 4.1501)
6	[÷] 6.55 [x] [RCL] [=] [STO]	0.7786	
4.1501	[SUM] [RCL] [x] 20 [=]	98.5731 > 98	Da C = 98 ist p_e noch zu klein (20 = 100 : 5; n = 5)
2. Iteration (p_e = 6.75 %)			
1	[PMT] 6.75 [%i] 5 [N] [2nd] [PV]	4.1278	Erläuterungen wie oben!
	[+/−] [STO] 5 [SUM] [RCL]	0.8722	
6	[÷] 6.75 [x] [RCL] [=] [STO]	0.7753	
4.1278	[SUM] [RCL] [x] 20 [=]	98.0620 > 98	
3. Iteration (p_e = 6.80 %)			
1	[PMT] 6.8 [%i] 5 [N] [2nd] [PV]	4.1222	Erläuterungen wie oben!
	[+/−] [STO] 5 [SUM] [RCL]	0.8778	
6	[÷] 6.8 [x] [RCL] [=] [STO]	0.7745	
4.1222	[SUM] [RCL] [x] 20 [=]	97.9337 < 98	Da C = 98 ist p_e jetzt zu groß
4. Iteration (p_e = 6.78 %)			
1	[PMT] 6.78 [%i] 5 [N] [2nd] [PV]	4.1245	Erläuterungen wie oben!
	[+/−] [STO] 5 [SUM] [RCL]	0.8755	
6	[÷] 6.78 [x] [RCL] [=] [STO]	0.7748	
4.1245	[SUM] [RCL] [x] 20 [=]	97.9862 ≈ 98	Hinreichende Näherungslösung mit p_e = 6.78 %

Eine lineare Interpolation aufgrund der Iterationen 2, 3 und 4 bringt folgendes Ergebnis:

$$\frac{98.0618 - 97.9337}{98.0618 - 97.9862} = \frac{6.75 - p_e}{6.75 - 6.78} \quad \text{daraus folgt } p_e = 6{,}808\ \%.$$

Übungsaufgabe Ü4.3.2:

Ein Kredit soll in 5 gleichen Jahresraten zurückgezahlt werden. Der Zinssatz beträgt 6 %. Wie hoch ist die Effektivverzinsung unter Berücksichtigung von Zinseszinsen bei 98 % Auszahlung und 2 Freijahren?

4.3.3 Annuitätentilgung

4.3.3.1 Gleichbleibende Jahresannuitäten

Die Bestimmung einer konstanten Jahresannuität entspricht der Berechnung einer Rentenrate auf der Grundlage des Rentenbarwertes (vgl. Formel 4.2-2). Deshalb gilt:

$$A = S \cdot q^n \cdot \frac{q-1}{q^n - 1} = T_1 \cdot q^n \tag{4.3-15}$$

Daraus folgt:

$$S = A \cdot \frac{1}{q^n} \cdot \frac{q^n - 1}{q - 1} \tag{4.3-16}$$

Für die Berechnung der Restschuld nach r Jahren, der Zins- und Tilgungsanteile im r-ten Jahr sowie der Laufzeit n gilt:

$$RS_r = S \cdot \frac{q^n - q^r}{q^n - 1} \tag{4.3-17}$$

$$T_r = S \cdot i \cdot \frac{q^{r-1}}{q^n - 1} \tag{4.3-18}$$

$$Z_r = S \cdot i \cdot \frac{q^n - q^{r-1}}{q^n - 1} \tag{4.3-19}$$

$$n = \frac{\log r - \log (r - (Q - 1) \cdot K_0)}{\log Q \cdot y}\ ; \quad Q = 1 + \frac{p}{y \cdot 100} \tag{4.3-20}$$

Dabei steht y für die Zahl der jährlichen Tilgungsverrechnungen

Zur Lösung von Problemen der Annuitätentilgung mit Hilfe des Rechners TI-44 dienen die großteils bereits bekannten Funktionstasten [PMT], [PV], [N], [%i], [P/I], [x⇄y] und [Acc/Bal]. Ihre Arbeitsweise soll anhand eines Beispiels gezeigt werden.

Beispiel:

Ein Kredit über 10 000,– DM soll mit 8 % verzinst und in 6 gleichen Jahresraten zurückgezahlt werden.

Rechnerprogramm:

Eingabe	Taste(n)	Anzeige	Bemerkungen
Rechengang			Gesuchte Größe
[2nd] [CMR] [FIX] 4		0.0000	
6 [N] 8 [%i] 10000 [PV]			
[2nd] [PMT]		2163.1539	Annuität [PMT]
8 [%i] 2163.1539 [PMT]			
10000 [PV] [2nd] [N]		6.0000	Laufzeit [N]
8 [%i] 2163.1539 [PMT]			
6 [N] [2nd] [PV]		10000.000	Barwert [PV]
6 [N] 2163.1539 [PMT] [FIX] 2			
10000 [PV] [2nd] [%i]		8.00	Zinsfuß [%i]
6 [N] 2163.15 [PMT] 10000 [PV]			
8 [%i] 6 [2nd] [P/I]		2002.92	6. Tilgungsrate [P/I]
[x⇄y]		160.23	Zinsanteil der 6. Tilgungsrate
6 [2nd] [Acc/Bal]		2978.90	Summe der Zinsen nach 6 Jahren
[x⇄y]		0.00	Restschuld nach 6 Jahren
6 [2nd] [Acc/Bal] [+] 10000 [=]		12978.90	Endwert

Beispiel:

Ein Kredit über 20 000,– DM soll in 6 Jahren durch gleichbleibende Annuitäten zurückgezahlt werden. Der Zinsfuß beträgt 7 %. Berechnen Sie die Tilgungsraten, die Zinsraten, die Restschuld und die Zinssummen in jedem Jahr der Laufzeit.

Rechnerprogramm:

Eingabe	Taste(n)	Anzeige	Bemerkungen
	2nd CMR	0.00	
20000	PV	20000.00	Kreditbetrag
6	N	6.00	Laufzeit
7	%i	7.00	Verzinsung
	2nd PMT	4195.92	Annuität
1	2nd P/I	2795.92	Tilgung im 1. Jahr
	x⇄y	1400.00	Zinsen im 1. Jahr
1	2nd Acc/Bal	1400.00	Zinssumme nach 1 Jahr
	x⇄y	17204.08	Restschuld nach 1 Jahr
2	2nd P/I	2991.63	Tilgung im 2. Jahr
	x⇄y	1204.29	Zinsen im 2. Jahr
2	2nd Acc/Bal	2604.29	Zinssumme nach 2 Jahren
	x⇄y	14212.45	Restschuld nach 2 Jahren
3	2nd P/I	3201.04	Tilgung im 3. Jahr
	x⇄y	994.87	Zinsen im 3. Jahr
3	2nd Acc/Bal	3599.16	Zinssumme nach 3 Jahren
	x⇄y	11011.41	Restschuld nach 3 Jahren
4	2nd P/I	3425.12	Tilgung im 4. Jahr
	x⇄y	770.80	Zinsen im 4. Jahr
4	2nd Acc/Bal	4369.96	Zinssumme nach 4 Jahren
	x⇄y	7586.29	Restschuld nach 4 Jahren
5	2nd P/I	3664.88	Tilgung im 5. Jahr
	x⇄y	531.04	Zinsen im 5. Jahr
5	2nd Acc/Bal	4901.00	Zinssumme nach 5 Jahren
	x⇄y	3921.42	Restschuld nach 5 Jahren
6	2nd P/I	3921.42	Tilgung im 6. Jahr
	x⇄y	274.50	Zinsen im 6. Jahr
6	2nd Acc/Bal	5175.50	Zinssumme nach 6 Jahren
	x⇄y	0.00	Restschuld

Abbildung 4.2 auf S. 73 zeigt die graphische Veranschaulichung des Beispiels.

Übungsbeispiel Ü4.3.3-1:

In 10 Jahren soll ein Kredit von 50 000,– DM in gleichbleibenden Annuitäten zurückbezahlt werden. Der Zinsfuß beträgt 8,5 %.

a) Für die ersten drei Jahre ist ein Zinsen- und Tilgungsplan zu erstellen.
b) Wie groß sind die bis zum Ende des 6. Jahres aufgelaufenen Zinsen?
c) Wie groß ist die Restschuld nach 8 Jahren?

4.3.3.2 Jährliche Tilgung mit Prozentannuitäten

Für die Praxis ist es wünschenswert, daß Annuitäten möglichst auf volle DM-Beträge lauten. Dieses Ziel ist aber mit jährlich völlig gleichbleibenden Annuitäten höchst selten zu erreichen. Deshalb wird in der Praxis heute meist mit Prozentannuitäten gearbeitet. Dabei wird nicht nur die Verzinsung, sondern auch die Tilgung in einem Prozentsatz der ursprünglichen Schuld festgesetzt. Soll also z.B. ein Kredit von 30 000,– DM mit 5 % verzinst und mit 7 % getilgt werden, so beträgt die Annuität 12 % der Kreditsumme. Im Beispiel also 3600,– DM. Dabei ergeben sich fast immer gemischte Laufzeiten, d.h. Laufzeiten, die aus vollen Tilgungsperioden und Bruchteilen von Tilgungsperioden bestehen. Außerdem ergibt sich nach Ablauf der vollen Tilgungsperioden bei planmäßiger Tilgung eine Restschuld, die kleiner ist als eine normale Annuität. Die Restschuld wird durch eine sogenannte Abschlußzahlung getilgt, die mit der letzten (vollen) Annuität, zum Ende der gemischten Laufzeit oder zum nächsten Tilgungstermin fällig sein kann.

Für Rechnungen mit Prozentannuitäten ist neben den schon bekannten Formeln die Formel für die Abschlußzahlung (AZ) bedeutsam. Sie lautet:

$$AZ = S \cdot q^g - A \cdot \frac{q^g - 1}{q - 1} \qquad (4.3\text{-}21)$$

Mit dem Symbol g wird dabei diejenige Periode gekennzeichnet, für die letztmalig eine volle Annuität zu bezahlen ist.

Auch bei Tilgung mit Prozentannuitäten gelten die in Abschnitt 4.3.3.1 erklärten Regeln. Ferner lassen sich die Annuität bezogen auf einen Barwert von 100 % (Annuitätensatz), sowie die Zinsen und die Tilgung bezogen auf ein Endkapital von 100 % (Zinssatz und Tilgungssatz) ermitteln. Das soll u.a. im folgenden Beispiel gezeigt werden.

Beispiel:

Ein Kredit über 200 000,– DM soll jährlich mit 7 % verzinst und mit 8 % der Kreditsumme getilgt werden.

a) Wie hoch ist die Annuität in DM?
b) In welchem Jahr ist letztmals eine volle Annuität zu bezahlen?
c) Wie hoch sind die Zins- und Tilgungsanteile der letzten vollen Annuität?

d) Wie hoch ist die Abschlußzahlung einschließlich Zinsen, wenn sie ein Jahr nach der letzten Annuität fällig ist?
e) Zur Probe sollen Annuitätensatz, Tilgungssatz und Zinssatz errechnet werden.

Rechnerprogramm:

Eingabe	Taste(n)	Anzeige	Bemerkungen
	[2nd] [CMR]	0.00	
200000 [x] 15 [%] [=]	[PMT]	30000.00	Annuität (Lösung a)
200000	[PV]	200000.00	Kreditsumme
7	[%i]	7.00	Zinsfuß
	[2nd] [N]	9.29	Gesamtlaufzeit. Es sind also 9 volle Annuitäten zu bezahlen (Lösung b)
9	[2nd] [P/I]	27490.98	Tilgung 9. Jahr (Lösung c)
	[x⇄y]	2509.02	Zinsen 9. Jahr (Lösung c)
9	[2nd] [Acc/Bal]	78352.18	Summe Zinsen für 9 Jahre
	[x⇄y]	8352.18	Restschuld nach 9 Jahren
	[x] 1.07 [=]	8936.83	Abschlußzahlung incl. Zinsen (Lösung d)
	[2nd] [CMR]	8936.83	
9.29 [N] 7 [%i] 100	[PV]		
	[2nd] [PMT]	15.00	Annuitätensatz (Lösung e)
100	[FV]		
	[2nd] [PMT]	8.00	Tilgungssatz (Lösung e)
8	[PMT]		
	[2nd] [%i]	7.00	Zinssatz (Lösung e)

4.3.3.3 Tilgung mit unterjährlichen Annuitäten

4.3.3.3.1 Unterjährliche Annuitäten bei sofortiger Tilgungsverrechnung auf der Basis von Zinseszinsen (Tilgungsperiode = Zinsperiode)

Unter Berücksichtigung der Unterjährlichkeit der Zahlungen gelten die bisherigen Regeln weiter.

Beispiel:

Eine Schuld von 100 000,– DM steht zu 6 % auf 10 Jahre. Sie soll in gleichbleibenden, halbjährlichen Raten getilgt werden.

a) Wie hoch ist die Annuität?
b) Wie hoch ist der Zins- und Tilgungsanteil der 12. Rate?

Rechnerprogramm:

Eingabe	Taste(n)	Anzeige	Bemerkungen
	[2nd] [CMR]	0.00	
6	[÷] 2 [=] [%i]	3.00	Periodischer Zinsfuß
10	[x] 2 [=] [N]	20.00	Zahlungstermine
100000	[PV]	100000.00	Schuldsumme
	[2nd] [PMT]	6721.57	Annuität
12	[2nd] [P/I]	5151.52	Tilgung mit 12. Annuität
	[x⇄y]	1570.05	Zinsen aus 12. Annuität

4.3.3.3.2 Unterjährliche Annuitäten bei sofortiger Tilgungsverrechnung auf der Basis von einfachen Zinsen

Hier stimmen Tilgungsperiode und Zinsperiode nicht überein. Die unterjährliche Annuität a ist anhand der Jahresannuität A wie folgt zu berechnen:

$$a = \frac{A}{\frac{i}{2} \cdot (m - 1) + m} \qquad (4.3\text{-}22)$$

Wie die unterjährliche Annuität mit Hilfe des Rechners TI-44 berechnet werden kann, zeigt das folgende Beispiel.

Beispiel:

Ein Darlehen von 50 000,– DM soll in monatlichen Raten innerhalb von 6 Jahren getilgt werden. Die Zinsen von 6 % sind jeweils am Jahresende fällig. Der Tilgungssatz beträgt 4 %.

a) Wie hoch ist die Jahresannuität?
b) Wie hoch ist die monatliche Rate?

Lösungshinweis: Die unterjährliche Annuität (Monatsrate) läßt sich mit Hilfe des Rechners TI-44 wie folgt ermitteln:

$$a = \frac{\text{Jahresannuität}}{12 + \text{Jahreszinsfuß} \cdot \alpha} \qquad (4.3\text{-}23)$$

Dabei ist $\alpha = 0.0555$ (siehe Abschnitt 4.2.2.2 auf S. 54).

Allgemein formuliert läßt sich die Formel (4.3-23) wie folgt schreiben:

$$a = \frac{\text{Annuität zum Zinstermin}}{\beta + \text{Jahreszinsfuß} \cdot \alpha} \tag{4.3-24}$$

Dabei gilt für β:

$$\beta = \frac{12}{Z_T \cdot P_D} \tag{4.3-25}$$

Z_T Zahl der Zinstermine pro Jahr

P_D Abstand zwischen zwei unterjährlichen Ratenzahlungen

Rechnerprogramm:

Eingabe	Taste(n)	Anzeige	Bemerkungen
	[2nd] [CMR]	0.00	
50000	[PV]	50000.00	Schuldsumme
6	[N]	6.00	Laufzeit
6	[%i]	6.00	Zinsfuß
	[2nd] [PMT] [STO]	10168.13	Jahresannuität (Lösung a)
6 [x] 0.055 [+] 12 [=]	[1/x]		
	[x] [RCL] [=]	824.67	Monatsannuität (Lösung b)

Beispiel:

Ein Darlehen von 20 000,– DM soll in nachschüssigen Monatsraten in 4 Jahren getilgt werden. Der Zinssatz beträgt 8 % bei vierteljährlicher Fälligkeit der Zinsen. Es soll ein Tilgungsplan bis zum 1. Zinstermin erstellt werden.

Rechnerprogramm:

Eingabe	Taste(n)	Anzeige	Bemerkungen
	[2nd] [CMR]	0.00	
20000	[PV]	20000.00	
8 [÷] 4 [=]	[%i]	2.00	
4 [x] 4 [=]	[N]	16.00	
	[2nd] [PMT] [STO]	1473.00	
8 [x] 0.0025 [+] 3 [=] [1/x]			
	[x] [RCL] [=]	487.75	
8 [÷] 12 [=] [FIX] 6 [÷] 100 [=]		0.006667	i* (Monatszins 0.6667 %)
20000 [STO] [x] 0.006667 [=]		133.34000	Zinsen 1. Monat
487.75 [+/−] [SUM] [RCL]		19512.250	Schuld nach dem 1. Monat
[STO] [x] 0.006667 [=] [FIX] 2		130.09	Zinsen 2. Monat
487.75 [+/−] [SUM] [RCL]		19024.50	Schuld nach dem 2. Monat
[STO] [x] 0.006667 [=]		126.84	Zinsen 3. Monat
487.75 [+/−] [SUM] 133.34 [SUM]			Verrechnung von Annuität
130.09 [SUM] 126.84 [SUM]			und Zinsen zum Zinstermin
	[RCL]	18927.02	Schuld nach dem 3. Monat

4.3.3.3.3 Unterjährliche Tilgung mit verzögerter Verrechnung auf Zinseszinsbasis

Der Sachverhalt läßt sich am besten an einem Beispiel deutlich machen.

Beispiel:

Ein Darlehen von 100 000,– DM steht zu 6 % auf 10 Jahre. Es soll in halbjährlichen Raten getilgt werden. Die Verrechnung der Zinsen erfolgt zum Jahresende.

Die Halbjahresannuität beträgt wie im Beispiel (Abschnitt 4.3.3.3.1) 6721,57 DM. Der Tilgungsplan für das 1. Jahr zeigt folgendes Bild:

Jahr	Schuld zum Perioden-anfang	Zinsen 6 %	Tilgung	Annuität	
1/2	100000	0	6721.57	6721.57	13443.14
1	93278.43	6000	721.57	6721.57	
1 1/2	92556.86	0	6721.57	6721.57	

4.3.3.3.4 Berücksichtigung von Disagio und Freijahren

Auch bei der Berücksichtigung von Disagio und Freijahren ändert sich an den bisher besprochenen Regeln nichts. Es ergeben sich jedoch Auswirkungen auf die Effektivverzinsung.

4.3.3.3.5 Beispiele für die Effektivverzinsung von Annuitätenschulden

Die Ermittlung des Effektivzinsfußes von Annuitätenschulden muß, sofern nicht mit entsprechend vorprogrammierten Rechnerfunktionen gearbeitet werden kann, durch Iteration erfolgen, wie das insbesondere im Abschnitt 4.3.2.3 beschrieben wurde. Für die am wichtigsten erscheinenden Fälle werden nachstehend die entsprechenden Formeln angegeben.

Tilgung mit gleichbleibenden Jahresannuitäten

$$C = A \cdot a_{n/e} \quad (\text{für } K_0 = 100) \quad \text{oder} \tag{4.3-26}$$

$$C = \frac{a_{n/e}}{a_n} \cdot 100 \tag{4.3-27}$$

Tilgung mit jährlichen Prozentannuitäten

$$C = A \cdot a_{(n_1 + n_2/e)} \quad (\text{für } K_0 = 100) \quad \text{oder} \tag{4.3-28}$$

$$C = \frac{a_{(n_1 + n_2/e)}}{a_{(n_1 + n_2)}} \cdot 100 \tag{4.3-29}$$

n_1 = volle Jahre; n_2 = Jahresbruchteile

(Symbole siehe Abschnitt 4.3.2.4, S. 77)

Bei unterjährlicher Zahlung der Annuitäten gelten die Formeln (4.3-26) bis (4.3-29) im Prinzip weiter. Allerdings ist der Effektivzins dabei auf die unterjährlichen Perioden zu beziehen. Auch die Laufzeit ist in unterjährlichen Perioden auszudrücken. Für die anzusetzenden Annuitäten gilt folgendes:

a) Bei sofortiger Tilgungsverrechnung auf Zinseszinsbasis (siehe Abschnitt 4.3.3.3.1) ist die unterjährliche Annuität analog zur Jahresannuität zu berechnen.

b) Bei sofortiger Tilgungsverrechnung mit einfachen Zinsen (siehe Abschnitt 4.3.3.3.2) ist von der unterjährlichen Annuität a (Formel 4.3-22) auszugehen.

c) Für den Fall der verzögerten Zinsverrechnung (siehe Abschnitt 4.3.3.3.3) ist der auf eine unterjährliche Periode entfallende Teil der Jahresannuität (A : m) anzusetzen.

Bei aufgeschobener Annuitätentilgung (Freijahre) gilt:

Aufgeschobene Tilgung mit gleichbleibenden Jahresannuitäten

$$C = p \cdot a_{k/e} + \left(\frac{a_{n/e}}{a_n} \cdot 100 \cdot \frac{1}{q_e^k} \right) \tag{4.3-30}$$

k Zahl der Freijahre

Aufgeschobene Tilgung mit Prozentannuitäten

$$C = 100 \cdot \frac{A \cdot a_{n_1/e} + AZ \cdot v^{n_1+1}}{K_0} \tag{4.3-31}$$

AZ Abschlußzahlung

Wenn A und AZ in Prozenten der Anfangsschuld K_0 ausgedrückt werden, gilt:

$$C = A \cdot a_{n_1/e} + AZ \cdot v^{n_1+1} \tag{4.3-32}$$

Beispiel:

Eine Annuitätenschuld von 80 000,– DM wird mit 8 % verzinst. Die Laufzeit beträgt 12 Jahre bei 95 % Auszahlung. Wie hoch ist die Effektivverzinsung in folgenden Fällen?

a) Bei gleichbleibender Jahresannuität?
b) bei halbjährlicher Verrechnung von Zinsen und Tilgung bei Verrechnung von Zinseszinsen?
c) Bei halbjährlicher Verrechnung von Zinsen und Tilgung bei einfachen Zinsen?
d) Bei halbjährlicher Annuitätenzahlung und jährlicher Zinsverrechnung?
e) Bei gleichbleibenden Jahresannuitäten und 2 Freijahren?

Rechnerprogramm:

Eingabe	Taste(n)	Anzeige	Bemerkungen
	Gleichbleibende Jahresannuität		
	[2nd] [CMR]	0.00	
12 [N] 8 [%i]	80000 [PV]		
	[2nd] [PMT]	10615.60	Jahresannuität
80000 [x] 95	[%] [=] [PV]	76000.00	Auszahlung bei 95 %
	[2nd] [%i]	9.00	Effektivzinsfuß (%)

Halbjährliche Verrechnung von Zins und Tilgung auf Zinseszinsbasis		
[ON/C] [2nd] [CMR]	0.00	
12 [x] 2 [=] [N] 4 [%i] 80000 [PV]		
[2nd] [PMT]	5246.95	Halbjahresannität
76000 [PV] [2nd] [%i]	4.51	Periodischer Zinsfuß
[2nd] [CMR] [%i]	4.51	
2 [N] 100 [PV] [2nd] [FV] [−] 100 [=]		
	9.22	Effektivzinsfuß (%)
Halbjährliche Verrechnung von Zins und Tilgung mit einfachen Zinsen		
[ON/C] [2nd] [CMR]	0.00	
2 [−] 1 [=] [x] 0.04 [+] 2 [=] [1/x]		Errechnung der unterjährlichen Annuität nach Formel (4.3-22) $(0.04 = \frac{i}{2})$
[x] 10615.60 [=] [PMT]	5203.73	
12 [x] 2 [=] [N] 76000 [PV]		
[2nd] [%i]	4.42	Periodischer Zinsfuß
[2nd] [CMR] [%i]	4.42	
2 [N] 100 [PV] [2nd] [FV] [−] 100 [=]		
	9.05	Effektivzinsfuß (%)
Halbjährliche Annuität mit jährlicher Zinsverrechnung		
[ON/C] [2nd] [CMR]	0.00	
12 [x] 2 [=] [N] 76000 [PV]		
10615.6 [÷] 2 [=] [PMT]	5307.80	Halbe Jahresannuität
[2nd] [%i]	4.62	Periodischer Zinsfuß
[2nd] [CMR] [%i]	4.62	
2 [N] 100 [PV] [2nd] [FV]		
[−] 100 [=]	9.46	Effektiver Zinsfuß (%)

Gleichbleibende Jahresannuität, 2 Freijahre		
1. Iteration (p_e = 9.00 %)		
1 [PMT] 9 [%i] 2 [N]		
[2nd] [PV] [FIX] 4	1.7591	Rentenbarwertfaktor ($a_{2/e}$)
[x] 8 [=] [STO]	14.0729	
oder kürzer:		
8 [PMT] 9 [%i] 2 [N]		
[2nd] [PV] [STO]	14.0729	
1 [PMT] 9 [%i] 12 [N]		
[2nd] [PV]	7.1607	Rentenbarwertfaktor ($a_{12/e}$)
1 [PMT] 8 [%i] 12 [N]		
[2nd] [PV]	7.5361	Rentenbarwertfaktor (a_{12})
[1/x] [x] 7.1607 [=]	0.9502	
1.09 [x^2] [1/x] [x] 0.9502 [=]	0.7998	
[x] 100 [=] [SUM] [RCL]	94.0493 < 95.	Da C = 95 ist p_e zu groß
2. Iteration (p_e = 8.80 %)		
8 [PMT] 8.8 [%i] 2 [N]		Erläuterungen siehe oben!
[2nd] [PV] [STO]	14.1112	
1 [PMT] 8.8 [%i] 12 [N]		
[2nd] [PV] [÷] 7.5361 [=]	0.9598	
1.088 [x^2] [1/x] [x] 0.9598 [=]	0.8108	
[x] 100 [=] [SUM] [RCL]	95.1929 > 95.	Da C = 95 ist p_e zu klein
3. Iteration (p_e = 8.85 %)		
8 [PMT] 8.85 [%i] 2 [N]		Erläuterungen siehe oben!
[2nd] [PV] [STO]	14.1016	
1 [PMT] 8.85 [%i] 12 [N]		
[2nd] [PV] [÷] 7.5361 [=]	0.9574	
1.0885 [x^2] [1/x] [x] 0.9574 [=]	0.8080	
[x] 100 [=] [SUM] [RCL]	94.9063 ≈ 95.	Hinreichende Näherungslösung

Übungsaufgabe Ü4.3.3-3:

Eine Annuitätenschuld von 80 000,– DM soll mit 8 % verzinst und mit 3 % pro Jahr getilgt werden. Die Auszahlung beträgt 95 %. Die Restschuld wird eine Periode nach der Fälligkeit der letzten vollen Annuität getilgt. Wie hoch ist die Effektivverzinsung in folgenden Fällen:

a) Bei Tilgung mit jährlichen Prozentannuitäten?
b) Bei halbjährlicher Verrechnung von Zinsen und Tilgung auf Zinseszinsbasis?
c) Wie hoch wäre die Effektivverzinsung, wenn die Restschuld zum Ende der gemischten Laufzeit zu zahlen wäre, und zwar bei jährlicher und halbjährlicher Verrechnung von Zins und Tilgung auf Zinseszinsbasis?

4.4 Kapitalanlagen in festverzinslichen Wertpapieren und Aktien

Festverzinsliche Wertpapiere, zu welchen insbesondere Pfandbriefe, Anleihen der öffentlichen Hände und Obligationen gehören, sind mit einer festen Verzinsung bezogen auf den Nennwert ausgestattet (Nominalverzinsung). Diese Papiere liefern also regelmäßige Zinserträge. Ob und in welcher Höhe Aktien Erträge (Dividenden) abwerfen, ist dagegen unsicher.

Um diese Formen der Kapitalanlage mit anderen Formen vergleichbar zu machen, ist die Effektivverzinsung (Rendite) zu ermitteln.

4.4.1 Renditen festverzinslicher Papiere

Zur Errechnung der Rendite, die sich durch den Erwerb einzelner Pfandbriefe, Obligationen usw. erzielen läßt, gilt ohne Berücksichtigung von Spesen und Ertragsteuern folgende Formel:

$$\boxed{C_0 = p \cdot a_{n/e} + C_n \cdot v^n} \qquad (4.4\text{-}1)$$

Werden An- und Verkaufsspesen sowie die Kapitalertragssteuer berücksichtigt, so gilt:

$$\boxed{C_0 + S_A = p \cdot (1 - k_s) \cdot a_{n/e} + (C_n - S_V) \cdot v^n} \qquad (4.4\text{-}2)$$

Zur Erleichterung für den Leser wird unten die Bedeutung aller Symbole aus den Formeln (4.4-1) und (4.4-2) erklärt:

Symbole	Bedeutung
C_0	Kaufkurs
p	Nomineller Zinsfuß
$a_{n/e}$	Effektiver Rentenbarwertfaktor
C_n	Verkaufskurs
v	Abzinsungsfaktor
n	Laufzeit
S_A	Spesen beim Ankauf
S_V	Spesen beim Verkauf
k_s	Steuersatz : 100

Um mit Hilfe dieser Formeln die Rendite p_e (Effektivverzinsung) von festverzinslichen Wertpapieren errechnen zu können, ist das in den vorhergehenden Abschnitten schon mehrfach praktizierte iterative Verfahren anzuwenden.

Beispiel:

Ein Pfandbrief wird zum Kurs von 91 % gekauft und zu einem Kurs von 100 % nach 5 Jahren wieder verkauft. Der nominale Zinsfuß beträgt 5 %. Die An- und Verkaufsspesen betragen jeweils 3,5 % vom Kurswert. Der Kapitalertragssteuersatz beträgt 25 %.

Wie hoch ist die Effektivverzinsung?

Rechnerprogramm:

Eingabe	Taste(n)	Anzeige	Bemerkungen
	[2nd] [CMR]	0.00	
91 [+] 3.5 [%] [=]		94.19	C_0 plus Spesen beim Ankauf
100 [−] 3.5 [%] [=]		96.50	C_n minus Spesen beim Verkauf
1 [−] 0.25 [x] 5 [=]		3.75	$(1 - k_s)\ p = Z$
1. Iteration (p_e = 4.0 %)			Nach Formel (4.4-2)
3.75 [PMT] 5 [N] 4 [%i]			
	[2nd] [PV] [FIX] 4 [STO]	16.6943	
1.04 [1/x] [2nd] [y^x] 5 [=]		0.8219	
[x] 96.5 [=] [SUM] [RCL]		96.0103 > 94.19	
2. Iteration (p_e = 4.4 %)			
3.75 [PMT] 5 [N] 4.4 [%i]			
	[2nd] [PV] [STO]	16.5084	
1.044 [1/x] [2nd] [y^x] 5 [=]		0.8063	
[x] 96.5 [=] [SUM] [RCL]		94.3165 > 94.19	
3. Iteration (p_e = 4.43 %)			
3.75 [PMT] 5 [N] 4.43 [%i]			
	[2nd] [PV] [STO]	16.4946	
1.0443 [1/x] [2nd] [y^x] 5 [=]		0.8051	
[x] 96.5 [=] [SUM] [RCL]		94.1910 ≈ 94.19	Hinreichende Näherungslösung

Übungsaufgabe Ü4.4.1:

Ermitteln Sie die Effektivverzinsung in obigem Beispiel, wenn der Käufer des Pfandbriefes von der Kapitalertragssteuer befreit ist.

4.4.2 Renditen von Aktien

Die Formeln (4.4-1) und (4.4-2) lassen sich auf Aktien nicht anwenden, weil diese keine gleichmäßigen Zinserträge abwerfen. Es besteht jedoch die Möglichkeit die Dividenden als Zinsen aufzufassen und sie auf einen Aktiennennwert von 100,– DM zu beziehen. Damit entspricht z.B. eine Dividende von 6,– DM für eine Aktie mit 50,– DM Nennwert einer Nominalverzinsung von 12 %. Damit läßt sich die Rendite von Aktien nach Formel (4.1-32), die sich auf S. 37 befindet, errechnen.

Beispiel:

Herr Maier hat vor 2 Jahren Aktien einer großen Gesellschaft im Nennwert von 50 000,– DM zum Kurs von 110 % erworben. Inzwischen sind diese Aktien auf einen Kurs von 150 % gestiegen. Im ersten Jahr haben sie 8,– DM und im zweiten Jahr 6,– DM Dividende je 50,– DM Nennwert abgeworfen. Die An- und Verkaufsspesen betragen jeweils 3,6 % vom Kurswert.

Welche Rendite ergibt sich?

Lösungshinweis: Es ist folgende Gleichung iterativ zu lösen:

$$\boxed{C_0 + S_A = p_1 \cdot v_e + p_2 \cdot v_e^2 + (C_n - S_V) \cdot v_e^2} \qquad (4.4\text{-}3)$$

Wäre die Kapitalertragssteuer zu berücksichtigen, so könnte das in gleicher Weise wie in Formel (4.4-2) geschehen.

Rechnerprogramm:

Eingabe	Taste(n)	Anzeige	Bemerkungen
	[2nd] [CMR]	0.00	
110	[+] 3.6 [%] [=]	113.96	Ankaufskurs plus Spesen
150	[−] 3.6 [%] [=]	144.60	Verkaufskurs minus Spesen
8	[÷] 50 [%] [=]	16.00	Nominalverzinsung (%) 1. Jahr
6	[÷] 50 [%] [=]	12.00	Nominalverzinsung (%) 2. Jahr
1. Iteration (p_e = 25 %)			
16	[÷] 1.25 [=] [FIX] 4 [STO]	12.8000	Nach den Formeln (4.4-3) bzw. (4.1-32, S. 37)
1.25	[x^2] [1/x] [x] 12 [=] [SUM]	7.6800	
1.25	[x^2] [1/x] [x] 144.6 [=]	92.5440	
	[SUM] [RCL]	113.0240 < 113.96	
2. Iteration (p_e = 24.8 %)			
16	[÷] 1.248 [=] [STO]	12.8205	
1.248	[x^2] [1/x] [x] 12 [=] [SUM]	7.7046	
1.248	[x^2] [1/x] [x] 144.6 [=]	92.8409	
	[SUM] [RCL]	113.3660 < 113.96	
3. Iteration (p_e = 24.4 %)			
16	[÷] 1.244 [=] [STO]	12.8617	
1.244	[x^2] [1/x] [x] 12 [=] [SUM]	7.7543	
1.244	[x^2] [1/x] [x] 144.6 [=]	93.4389	
	[SUM] [RCL]	114.0549 > 113.96	

Die Effektivverzinsung liegt also ziemlich genau bei 24,4 %.

Eine näherungsweise Errechnung der Rendite von Aktien – und auch von festverzinslichen Wertpapieren – ist möglich, wenn zwischen der Kursrendite R_K und der Zinsrendite R_Z unterschieden wird.

Zur Ermittlung der Kursrendite wird die Kapitalanlage in Wertpapieren als eine Anlage zu Zinseszinsen interpretiert. Als „Zinsertrag" wird dabei die um die An- und Verkaufsspesen korrigierte Differenz zwischen Ankaufs- und Verkaufspreis betrachtet, wobei ein Verlust als Ergebnis einer negativen Verzinsung anzusehen ist.

Für die Bestimmung der Zinsrendite werden die angefallenen Dividenden als Bruttozinserträge interpretiert, die um die Kapitalertragssteuer zu korrigieren sind, um zu den Nettozinserträgen zu kommen. Die eigentliche Errechnung der Zinsrendite erfolgt hier nach den Regeln der einfachen Zinsrechnung, weil die fiktiven Zinserträge ausgezahlt und damit nicht zusammen mit dem eingesetzten Kapital weiterverzinst werden können. Insoweit ist diese Form der Berechnung sogar realistischer als die oben beschriebene Form, die nach den Regeln der Zinseszinsrechnung vorgenommen wird und deshalb davon ausgehen muß, daß die ausbezahlten Zinsen wieder zum Effektivzinsfuß (Rendite) angelegt werden, was tatsächlich aber nur selten der Fall sein wird.

Durch Addition von Kursrendite R_K und Zinsrendite R_Z läßt sich dann die Gesamtrendite R_G feststellen.

Wird der beschriebene Sachverhalt in mathematische Formeln gefaßt, so gilt:

$$R_K = \left(\sqrt[n]{\frac{K_V - S_V}{K_A + S_A}} - 1\right) \cdot 100 \qquad (4.4\text{-}4)$$

$$R_Z = 100 \cdot \frac{N_E}{n \cdot K_A} \qquad (4.4\text{-}5)$$

$$N_E = D \cdot (1 - k_s) - S \qquad (4.4\text{-}6)$$

$$R_G = R_K + R_Z \qquad (4.4\text{-}7)$$

Die neu eingeführten Symbole haben folgende Bedeutung:

Symbole	Bedeutung
K_V	Verkaufspreis
K_A	Ankaufspreis
D	Dividenden (Summe)
S	Spesen
N_E	Nettodividende

Übungsaufgabe Ü4.4.2:

Das oben nach Formel (4.4-3) gelöste Beispiel soll anhand der Formeln (4.4-4) bis (4.4-7) unter Berücksichtigung von 25 % Kapitalertragssteuer gelöst werden.

5 Investitionsrechnung

Bei einer Investition von Betriebsanlagen besteht meist die Möglichkeit, verschiedene Anlagen zu kaufen. Mit Hilfe von speziellen Rechenverfahren, den Investitionsrechnungen, wird zu errechnen versucht, welche Investition vorteilhaft ist.

Die Abb. 5.1 gibt einen Überblick über diese Investitionsrechnungen:

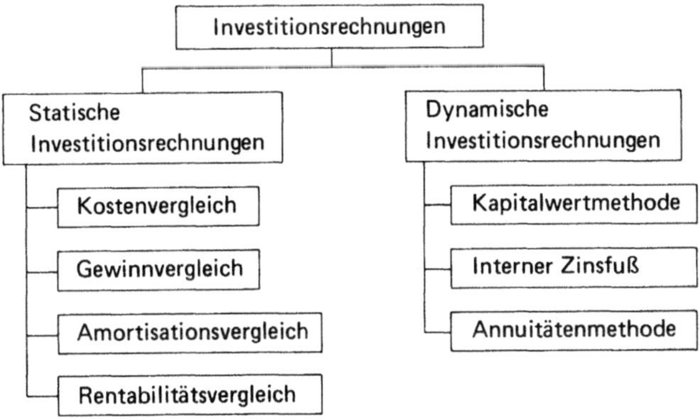

Abb. 5.1 Übersicht über die Investitionsrechnungen

Die Investitionsrechnungen teilt man danach ein, ob der zeitliche Verlauf der Ein- und Auszahlungsströme des Investitionsobjektes während seiner Nutzungsdauer berücksichtigt ist (dynamische Investitionsrechnungen) oder nicht (statische Investitionsrechnungen).

Die statischen Verfahren liefern entweder Vergleichsreihen, die im üblichen Rechenmodus eines Taschenrechners (Normalfunktion) leicht erstellbar sind oder aber Verhältniszahlen, die in Abschnitt 3 dieses Buches abgehandelt wurden.

Gegenstand dieses Kapitels sind die dynamischen Investitionsrechnungen, in denen der zeitliche Verlauf der Zahlungen berücksichtigt wird.

5.1 Barwert- oder Kapitalwertmethode

Durch eine Investition werden Einzahlungen und Auszahlungen hervorgerufen (Zahlungsströme), die zu unterschiedlichen Zeitpunkten anfallen. Um diese Zahlungsströme vergleichen zu können, wird über die Zinseszinsrechnung deren Gegenwartswert oder Barwert errechnet. Einen solchen Barwert einer Investition nennt man Nettoinvestitionswert oder Kapitalwert.

Der Kapitalwert einer Investition ist somit die Summe aller Barwerte der Einzahlungen E_t abzüglich der Summe aller Barwerte der Auszahlungen A_t zu bestimmten Zeitpunkten t. Man erhält:

$$K_0 = \sum_{t=0}^{n} (E_t - A_t) \cdot q^{-t} \tag{5.1-1}$$

Dabei ist:

K_0	Kapitalwert
n	Anzahl der Jahre Nutzung
E_t	Einzahlung am Ende der Periode t
A_t	Auszahlung am Ende der Periode t
$q = (1 + i)$	Aufzinsungsfaktor mit Kalkulationszinsfuß $p \left(i = \frac{p}{100} \right)$

Diese Formel berücksichtigt die Tatsache, daß Einnahmen umso wertvoller sind, je früher sie eintreffen und Ausgaben umso weniger wirksam sind, je später sie anfallen.

In die Ausgaben gehen die gesamten Betriebsausgaben für die Investition ein, also außer den Kaufzahlungen und Einbaukosten für das Investitionsobjekt z.B. auch Materialkosten und Löhne für Instandhaltung und Reparaturen.

In den Einnahmen wird auch der voraussichtliche Verkaufserlös berücksichtigt.

Der Kapitalwert nimmt mit steigenden Zinssätzen ab und mit sinkenden Zinssätzen zu.

In der Tabelle 5.1 sind die Folgerungen aus der Kapitalwertmethode für die Investitionsentscheidung aufgeführt.

Tabelle 5.1 Investitionsbeurteilung nach der Kapitalwertmethode

Kapitalwert	Aussage
positiv $K_0 > 0$ Investition vorteilhaft	Investitionsvorhaben erwirtschaftet nicht nur die Gesamtinvestition samt Kapitalverzinsung, sondern auch einen Investitionsgewinn
$K_0 = 0$	Investitionsvorhaben erwirtschaftet Gesamtinvestition einschließlich Kapitalverzinsung
negativ $K_0 < 0$ Investition unvorteilhaft	Investitionsvorhaben erwirtschaftet nicht die Gesamtinvestition samt Kapitalverzinsung. Es entsteht ein Investitionsverlust

Beispiel:

Für ein Investitionsobjekt entstehen innerhalb von 6 Jahren Nutzungsdauer folgende Zahlungsströme, die zu 12 % verzinst werden sollen.

Zahlungsströme in tausend DM	Nutzungsdauer (Jahre) t 0	1	2	3	4	5	6
Anschaffung	350						
Einnahmen E_t	–	180	220	250	160	140	100
Ausgaben A_t	106	76	90	110	80	40	60
Verkaufserlös							35
Rückfluß $(E_t - A_t)$	– 456	104	130	140	80	100	75

Die Berechnung des Kapitalwertes erfolgt nach obiger Formel und ergibt:

$$K_0 = -456\,000 + \underbrace{\frac{104\,000}{1{,}12}}_{\downarrow} + \underbrace{\frac{130\,000}{1{,}12^2}}_{\downarrow} + \underbrace{\frac{140\,000}{1{,}12^3}}_{\downarrow} +$$

$$-456\,000 + 92\,857.14 + 103\,635.20 + 99\,649.23 +$$

$$+ \underbrace{\frac{80\,000}{1{,}12^4}}_{\downarrow} + \underbrace{\frac{100\,000}{1{,}12^5}}_{\downarrow} + \underbrace{\frac{75\,000}{1{,}12^6}}_{\downarrow}$$

$$+ 50\,841.45 + 56\,742.69 + 37\,997.33$$

$$K_0 = -14\,276.95$$

Der Kapitalwert ist negativ, d.h., die Investition ist nicht vorteilhaft. Dabei muß man allerdings bedenken, daß der Kapitalwert nur noch 4 % der Anschaffungsausgaben beträgt, so daß die ganze Investition einschließlich Kapitalverzinsung annähernd erwirtschaftet wurde.

Rechnerprogramm:

Eingabe	Taste(n)	Anzeige	Bemerkungen
	2nd Mode	▲ FIN 0	Finanzmathematik-Modus
	2nd CMR	0	Löschen der Register
	FIX 2	0.00	Wahl zweier Dezimalstellen
456000	+/– STO	– 456000.00	Speichern des Anfangswertes

104000	[÷] 1.12 [=]	92857.14	Barwert der Rückflüsse im ersten Jahr
	[SUM]	92857.14	Summieren zum Anfangswert
	[RCL]	– 363142.86	Kapitalwert nach 1 Jahr
1.12	[2nd] [y^x] 2 [=] [1/x]	0.80	Abzinsungsfaktor im 2. Jahr
	[x] 130000 [=]	103635.20	Barwert der Rückflüsse im zweiten Jahr
	[SUM] [RCL]	– 259507.65	Kapitalwert nach 2 Jahren
1.12	[2nd] [y^x] 3 [=] [1/x]	0.71	Abzinsungsfaktor im 3. Jahr
	[x] 140000 [=]	99649.23	Barwert der Rückflüsse im 3. Jahr
	[SUM] [RCL]	– 159858.42	Kapitalwert nach 3 Jahren
1.12	[2nd] [y^x] 4 [=] [1/x]	0.64	Abzinsungsfaktor im 4. Jahr
	[x] 80000 [=]	50841.45	Barwert der Rückflüsse im 4. Jahr
	[SUM] [RCL]	– 109016.97	Kapitalwert nach 4 Jahren
1.12	[2nd] [y^x] 5 [=] [1/x]	0.57	Abzinsungsfaktor im 5. Jahr
	[x] 100000 [=]	56742.69	Barwert der Rückflüsse im 5. Jahr
	[SUM] [RCL]	– 52274.29	Kapitalwert nach 5 Jahren
1.12	[2nd] [y^x] 6 [=] [1/x]	0.51	Abzsinungsfaktor im 6. Jahr
	[x] 75000 [=]	37997.33	Barwert der Rückflüsse im 6. Jahr
	[SUM] [RCL]	– 14276.95	Kapitalwert K_0 nach 6 Jahren

5.2 Methode des internen Zinsfußes

Der interne Zinsfuß ist der Zinssatz, zu dem die Kapitalströme des Investitionsobjektes verzinst wurden. Er entspricht damit der Effektivrendite der Investition vor Abzug der Zinszahlungen. Der Kapitalwert beim internen Zinsfuß ist definitionsgemäß Null.

Will man den internen Zinsfuß bestimmen, so setzt man daher die Formel für den Kapitalwert $K_0 = 0$ und errechnet daraus den internen Zinsfuß. Da dies für Investitionen mit mehrjähriger Nutzungsdauer eine Gleichung höheren Grades ist, sind deren Lösungen durch spezielle, umfangreiche Rechenverfahren zu ermitteln. Hier wird ein einfaches Interpolationsverfahren vorgestellt.

Wie Abb. 5.2 an unserem Beispiel zeigt, zeichnet man von einem negativen zu einem positiven Kapitalwert (oder umgekehrt) eine Gerade. Diese schneidet für einen Kapitalwert von $K_0 = 0$ die Achse für den Zinssatz in p_0, dem internen Zinsfuß.

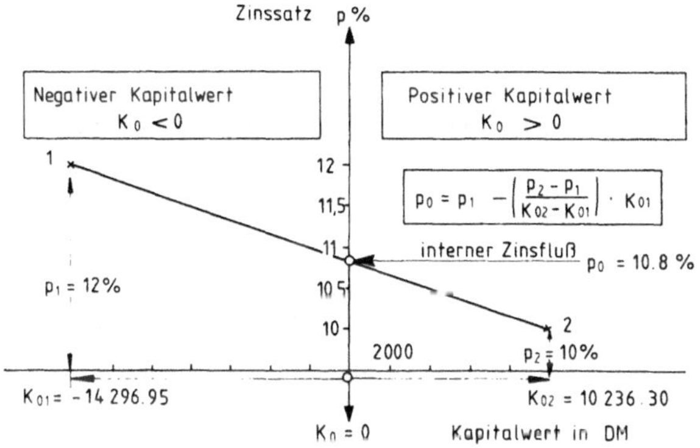

Abb. 5.2 Näherungsverfahren zur Ermittlung des internen Zinsfußes durch lineare Interpolation

Die Formel zur Ermittlung des internen Zinsfußes nach dieser linearen Interpolationsmethode lautet:

$$p_0 = p_1 - \left(\frac{p_2 - p_1}{K_{02} - K_{01}}\right) \cdot K_{01} \qquad (5.2\text{-}1)$$

Dabei ist:

p_1, p_2 erster bzw. zweiter Zinssatz

K_{01}, K_{02} die zu den Zinssätzen gehörenden Kapitalwerte

p_0 interner Zinsfuß

Zunächst bildet man für den Zinssatz p_1 den Kapitalwert K_{01}. Ist dieser negativ (positiv), so wählt man so lange einen kleineren (größeren) Zinssatz p_2, bis der neue Kapitalwert K_{02} positiv (negativ) ist. Durch Einsetzen der entsprechenden Werte in obige Formel erhält man den Wert für den internen Zinsfuß.

Eine Investition ist dann vorteilhaft, wenn der interne Zinsfuß größer oder gleich dem Kalkulationszinsfuß ist. Wie hoch dieser Kalkulationszinsfuß anzusetzen ist, muß von der Unternehmensleitung entschieden werden.

Beispiel:

Aus den Daten des vorigen Beispiels für die Kapitalwertmethode (Abschnitt 5.1) soll der interne Zinsfuß berechnet werden. Der Kalkulationszinssatz betrug $p_1 = 12\,\%$ und ergab einen Kapitalwert K_{01} von – 14 296,95 DM.

Man wählt einen niedrigeren Zinssatz von $p_2 = 10\,\%$. Im folgenden Rechenprogramm wird der Kapitalwert errechnet. Er beträgt $K_{02} = 10\,236.30$ DM. Durch Einsetzen in die Formel für den internen Zinsfuß erhält man $p_0 = 10.83\,\%$. Da der interne Zinsfuß unter dem Kalkulationszinsfuß liegt, gilt die Investition als nicht vorteilhaft.

In Tabelle 5.2 sind die Ergebnisse zusammengefaßt.

Tabelle 5.2 Zusammenstellung der Daten für die Ermittlung des internen Zinsfußes

Nutzungsdauer Jahre n	Rückfluß in tausend DM	Zinssatz $p_1 = 12\,\%$ Barwert in tausend DM	Zinssatz $p_2 = 10\,\%$ Barwert in tausend DM
0	– 456	– 456	– 456
1	104	93	95
2	130	104	107
3	140	99	105
4	80	51	55
5	100	57	62
6	75	38	42
Kapitalwert K_0		– 14 276.95 K_{01}	10 236.30 K_{02}
interner Zinsfuß $p_0 = p_1 - \left(\frac{p_2 - p_1}{K_{02} - K_{01}}\right) \cdot K_{01}$		$p_0 = 10.834\,\%$	

Rechnerprogramm:

Eingabe	Taste(n)	Anzeige	Bemerkungen
		FIN 0	Finanzmathematik-Modus
	[FIX] 2	0.00	Wahl zweier Dezimalstellen
456000	[+/–] [STO]	– 456000.00	Speichern des Anfangswertes
104000	[÷] 1.1 [=]	94545.45	Barwert der Rückflüsse im 1. Jahr
	[SUM] [RCL]	– 361454.55	Kapitalwert nach 1 Jahr
1.1	[2nd] [y^x] 2 [=] [1/x]	0.83	Abzinsungsfaktor im 2. Jahr
	[x] 130000 [=]	107438.02	Barwert der Rückflüsse im 2. Jahr
	[SUM] [RCL]	– 254016.53	Kapitalwert nach 2 Jahren
1.1	[2nd] [y^x] 3 [=] [1/x]	0.75	Abzinsungsfaktor im 3. Jahr
	[x] 140000 [=]	105184.07	Barwert der Rückflüsse im 3. Jahr
	[SUM] [RCL]	– 148832.46	Kapitalwert nach 3 Jahren
1.1	[2nd] [y^x] 4 [=] [1/x]	0.68	Abzinsungsfaktor im 4. Jahr
	[x] 80000 [=]	54641.08	Barwert der Rückflüsse im 4. Jahr
	[SUM] [RCL]	– 94191.38	Kapitalwert nach 4 Jahren
1.1	[2nd] [y^x] 5 [=] [1/x]	0.62	Abzinsungsfaktor im 5. Jahr
	[x] 100000 [=]	62092.13	Barwert der Rückflüsse im 5. Jahr
	[SUM] [RCL]	– 32099.25	Kapitalwert nach 5 Jahren
1.1	[2nd] [y^x] 6 [=] [1/x]	0.56	Abzinsungsfaktor im 6. Jahr
	[x] 75000 [=]	42335.54	Barwert der Rückflüsse im 6. Jahr
	[SUM] [RCL]	10236.30	Kapitalwert nach 6 Jahren
	[FIX] 3	10236.297	Wahl dreier Dezimalstellen
[–] 14296.95 [+/–] [=]		24533.247	($K_{02} - K_{01}$)
[1/x] [x] 14296.95 [+/–] [x] 2 [+/–] [=]		1.166	
	[+/–] [+] 12 [=]	10.834	Interner Zinsfuß p_0

5.3 Annuitätenmethode

In der Annuitätenmethode werden die Annuitäten der Rückflüsse des Investitionsobjektes berechnet. Das sind die über die Zinseszinsrechnung auf einen konstanten Wert gebrachten jährlichen Zahlungsdifferenzen aus Ein- und Auszahlungen für die Dauer der Investition.

Von mehreren Investitionsobjekten ist das am vorteilhaftesten, das den größten positiven jährlichen Rückfluß (Annuität) besitzt.

Das Annuitätenverfahren ist eine Variante der Kapitalwertmethode. Kapitalwert K_0 und Annuität stehen dabei miteinander in folgender Beziehung:

$$K_0 = \text{Annuität} \times \frac{(i+1)^n - 1}{i(1+i)^n}$$

← nachschüssiger Rentenbarwertfaktor oder Kapitalwiedergewinnungsfaktor

(5.3-1)

Die Berechnung der Annuität ist mit dem Taschenrechner TI-44 sehr einfach, da der Rentenbarwertfaktor nach Eingabe von [i%] Zins und der Nutzungsdauer von [N] Jahren intern berechnet wird.

Obige Formel heißt daher mit den Symbolen des Rechners und dem intern programmierten Rentenbarwertfaktor:

$$\boxed{PV} = \boxed{PMT} \times \frac{(i+1)^n - 1}{i(1+i)^n} \qquad (5.3\text{-}2)$$

Damit ergibt sich für unser Beispiel folgendes Rechnerprogramm:

Rechnerprogramm:

Eingabe	Taste(n)	Anzeige	Bemerkungen
Berechnung der Annuität für den Zinssatz p_1 = 12 %			
6 [N] 12 [%i] 14276.95	[+/–] [PV]		Eingabe der Nutzungsdauer, des Zinssatzes und des Kapitalwertes
	[2nd] [PMT]	– 3472.52	Annuität
Berechnung der Annuität für den Zinssatz p_2 = 10 %			
6 [N] 10 [%i] 10236.30	[PV]		Eingabe der Nutzungsdauer, des Zinssatzes und des Kapitalwertes
	[2nd] [PMT]	2350.33	Annuität

Die Ergebnisse unseres Beispieles zeigen, daß bei einem Kalkulationszins von 12 % 6 Jahre lang jährlich ein Verlust von 3 472,52 DM entsteht, während bei einem Kalkulationszins von 10 % 6 Jahre lang jährliche Gewinne von 2 350,33 DM eintreffen. Damit ist die Investition nicht vorteilhaft.

Übungsaufgaben Ü 5.1 bis Ü 5.3

Ein Investitionsobjekt soll 5 Jahre genutzt werden. Während dieser Nutzungsdauer würden sich folgende Zahlungsströme einstellen, die zu 15 % verzinst werden sollen:

Zahlungsströme in tausend DM	Nutzungsdauer t (Jahre) 0	1	2	3	4	5
Anschaffung	750					
Einnahmen E_t	–	350	450	320	320	300
Ausgaben A_t	180	80	120	130	80	100
Verkaufserlös						200
Rückfluß $(E_t - A_t)$	−930	270	330	190	240	400

Ü5.1 Berechnen Sie den Kapitalwert K_0 dieser Investition.

Ü5.2 Wie groß ist näherungsweise der interne Zinsfuß? (Annahme eines zweiten Zinssatzes von 18 %).

Ü5.3 Berechnen Sie die Annuitäten der Zahlungsströme für die beiden Zinssätze, die Sie zur Bestimmung des internen Zinsfußes verwendet haben.

6 Abschreibung

Unter Abschreibung versteht man die in Geld ausgedrückte Wertminderung von Produktionsmitteln durch:

1. Technischen Verschleiß
   Dies ist die Wertminderung durch Abnutzung der Produktionsmittel während der Produktion.
2. Technische Überholung
   Der Nutzungswert eines Produktionsmittels kann durch den technischen Fortschritt, d.h., z.B. durch neuartige Maschinen stark verringert werden.
3. Wirtschaftliche Überholung
   Wertminderung durch Änderung des Bedarfs an Gütern, die von den Produktionsmitteln hergestellt werden.

Je nach gesetzlicher Vorschrift und nach dem angenommenen Verlauf der Wertminderung sind folgende Abschreibungsarten gebräuchlich (Abb. 6.1).

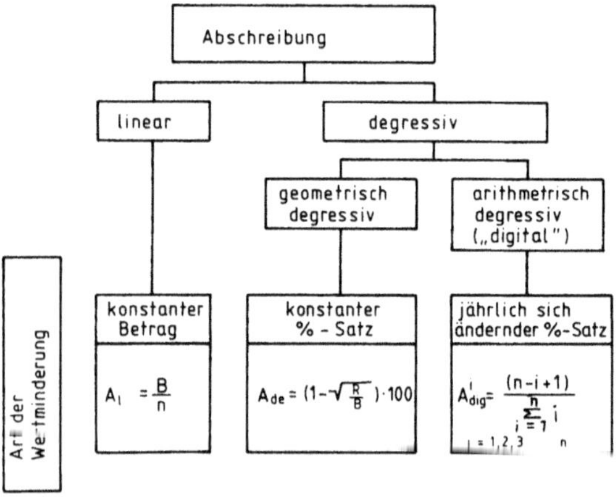

Abb. 6.1 Gebräuchliche Abschreibungsarten

6.1 Lineare Abschreibung

Bei der linearen Abschreibung wird davon ausgegangen, daß der Wert des Wirtschaftsgutes jährlich um einen gleichbleibenden Abschreibungsbetrag abnimmt. Dieser errechnet sich wie folgt (Abb. 6.1):

$$A_l = \frac{\text{Abschreibungsbetrag}}{\text{Anzahl der Jahre}} = \frac{B}{n} \qquad (6.1\text{-}1)$$

Beispiel:

Eine Maschine kostet 250 000 DM und soll 5 Jahre im Betrieb eingesetzt werden. Nach dieser Zeit soll die Maschine noch für 25 000 DM verkauft werden.

Berechnen Sie den durchschnittlichen, jährlichen Abschreibungsbetrag und stellen Sie den Abschreibungsplan auf.

Rechnerprogramm:

Eingabe	Taste(n)	Anzeige	Bemerkungen
Ber Berechnung des durchschnittlichen jährlichen Abschreibungsbetrages			
	[2nd] [CMR]	▲ FIN 0	Löschen der Register Finanzmathematik-Modus
250000 [−] 25000	[=]	225000	gesamter Abschreibungsbetrag
	[÷] 5 [=]	45000	durchschnittlicher jährl. Abschreibungsbetrag
Aufstellen des Abschreibungsplanes			
	[−] [K] [=]	0	Abzug der Konstanten von 45000 DM bei jeder Rechenoperation
250000	[=]	205000	Buchwert nach 1 Jahr
	[=]	160000	Buchwert nach 2 Jahren
	[=]	115000	Buchwert nach 3 Jahren
	[=]	70000	Buchwert nach 4 Jahren
	[=]	25000	Buchwert nach 5 Jahren

6.2 Degressive Abschreibung

Bei der degressiven Abschreibung wird angenommen, die Wertminderung erfolge nicht in konstanten Beträgen, sondern in jährlich fallenden Beträgen. Die Wertminderung heißt degressiv, weil der Abschreibungsbetrag zunächst groß ist und mit zunehmender Nutzungsdauer des Betriebsmittels abnimmt. Für die Berechnung des Degressionsfaktors A_{de} in Prozent gilt folgende Formel:

$$A_{de} = \left(1 - \sqrt[n]{\frac{\text{Restwert}}{\text{Anschaffungswert}}}\right) \cdot 100$$

$$A_{de} = \left(1 - \sqrt[n]{\frac{R}{B}}\right) \cdot 100 \qquad (6.2\text{-}1)$$

Dabei ist n die Anzahl der Jahre Nutzungsdauer des Produktionsmittels.

In unserem Beispiel aus Abschnitt 6.1 ist n = 5, der Restwert 25 000 DM und der Anschaffungswert 250 000 DM.

Daraus läßt sich der Degressionsfaktor und die Zeitwertreihe der Maschine ermitteln.

Im Anschluß daran kann der Abschreibungsplan aufgestellt werden. Dies zeigt das folgende Rechnerprogramm.

Rechnerprogramm:

Eingabe	Taste(n)	Anzeige	Bemerkungen
	Berechnung des Degressionsfaktors		
	[FIX] 2	0.00	Wahl zweier Dezimalstellen
25000 [÷] 250000	[=]	0.10	Verhältnis von Restwert zu Anschaffungswert
[2nd] [y^x] 5 [1/x]	[=]	0.63	
[+/−] [+] 1 [x] 100	[=]	36.90	Degressionsfaktor in %
	[STO]	36.90	Speichern des Wertes
	Aufstellen der Zeitwert-Reihen		
250000 [−] [K]	[RCL] [%]	92260.66	Abschreibung 1. Jahr
	[=]	157739.34	Buchwert nach 1 Jahr
	[=]	99526.79	Buchwert nach 2 Jahren
	[=]	62797.16	Buchwert nach 3 Jahren
	[=]	39622.33	Buchwert nach 4 Jahren
	[=]	25000.00	Buchwert nach 5 Jahren

Aufstellen des Abschreibungsplanes		
	92260.66	Abschreibung im 1. Jahr (siehe oben!)
157739.34 [–] 99526.79 [STO] [=]		
	58212.55	Abschreibung im 2. Jahr
[RCL] [–] 62797.16 [STO] [=]	36729.63	Abschreibung im 3. Jahr
[RCL] [–] 39622.33 [STO] [=]	23174.83	Abschreibung im 4. Jahr
[RCL] [–] 25000 [=]	14622.33	Abschreibung im 5. Jahr

6.3 Digitale Abschreibung

Die digitale Abschreibung ist eine Variante der degressiven Abschreibung. Dabei ändern sich jährlich die Abschreibungen um einen konstanten Prozentsatz p_{dig}. Dieser ist der Kehrwert der Summe aller Nutzungsjahre oder

$$p_{dig} = \frac{1}{\sum_{i=1}^{n} i} \qquad (6.3\text{-}1)$$

oder

$$p_{dig} = \frac{2}{n(n+1)} \qquad (6.3\text{-}2)$$

Die veränderlichen Abschreibungsraten berechnen sich nach folgender Formel:

$$A^{i}_{dig} = \frac{2n_{rest}}{n(n+1)} = \frac{(n-i+1)}{\sum_{i=1}^{n} i} \qquad (i = 1, 2, 3, \ldots) \qquad (6.3\text{-}3)$$

Dabei ist:

i Nutzungsjahr

n Gesamtlebensdauer des Betriebsmittels

n_{rest} Restlebensdauer des Betriebsmittels

Auf unser Beispiel übertragen bedeutet dies:

Bei fünf Jahren Gesamtlebensdauer ändert sich die Abschreibungsrate jährlich um 1/15 = 1/(1 + 2 + 3 + 4 + 5), das sind 6,67 % oder 225 000/15 = 15 000 DM.

Für das erste Jahr beträgt die Abschreibungsrate dann 5/15 = 0,33 (75 000 DM), für das 2. Jahr 4/15 = 0,27 (60 000 DM), für das 3. Jahr 3/15 = 0,20 (45 000 DM) usw.

Da bei der digitalen Abschreibungsmethode formal auf den Restwert Null abgeschrieben wird, muß gegebenenfalls noch ein vorhandener Restwert hinzugezählt werden, um den jeweiligen Buchwert des Betriebsmittels angeben zu können. Damit ergibt sich für unser Beispiel folgendes Rechnerprogramm:

Rechnerprogramm:

Eingabe	Taste(n)	Anzeige	Bemerkungen
250000	[–] 25000 [=]	225000.00	Gesamter Abschreibungsbetrag
	[STO]	225000.00	Abspeichern
2	[÷] 5 [÷] 6 [=]	0.07	Konstanter Betrag, um den die Abschreibungsquote sinkt
	[x] 5 [=]	0.33	Abschreibungsquote 1. Jahr
	[x] 225000 [=]	75000.00	Abschreibung im 1. Jahr
	[+/–] [SUM] [RCL]	150000.00	neue Abschreibungsbasis
	[+] 25000 [=]	175000.00	Buchwert nach 1 Jahr
	4 [÷] 15 [=]	0.27	Abschreibungsquote 2. Jahr
	[x] 225000 [=]	60000.00	Abschreibung im 2. Jahr
	[+/–] [SUM] [RCL]	90000.00	neue Abschreibungsbasis
	[+] 25000 [=]	115000.00	Buchwert nach 2 Jahren
	3 [÷] 15 [=]	0.20	Abschreibungsquote 3. Jahr
	[x] 225000 [=]	45000.00	Abschreibung im 3. Jahr
	[+/–] [SUM] [RCL]	45000.00	neue Abschreibungsbasis
	[+] 25000 [=]	70000.00	Buchwert nach 3 Jahren
	2 [÷] 15 [=]	0.13	Abschreibungsquote 4. Jahr
	[x] 225000 [=]	30000.00	Abschreibung im 4. Jahr
	[+/–] [SUM] [RCL]	15000.00	neue Abschreibungsbasis

[+] 25000 [=]		40000.00	Buchwert nach 4 Jahren
1 [÷] 15 [=]		0.07	Abschreibungsquote 5. Jahr
[x] 225000 [=]		15000.00	Abschreibung im 5. Jahr
[+/–] [SUM] [RCL]		0.00	
[+] 25000 [=]		25000.00	Restwert nach 5 Jahren

In der Abb. 6.2 sind die Ergebnisse unseres Beispiels zusammengefaßt und die Abschreibungsmethoden vergleichend gegenübergestellt.

Nutzungsdauer n Jahre	lineare Abschreibung		degressive Abschreibung		digitale Abschreibung	
	Abschreibung DM/Jahr	Restwert DM	Abschreibung DM/Jahr	Restwert DM	Abschreibung DM/Jahr	Restwert DM
1	45 000	205 000	92 260	157 740	75 000	175 000
2	45 000	160 000	58 213	99 527	60 000	115 000
3	45 000	115 000	36 730	62 797	45 000	70 000
4	45 000	70 000	23 175	39 622	30 000	40 000
5	45 000	25 000	14 622	25 000	15 000	25 000

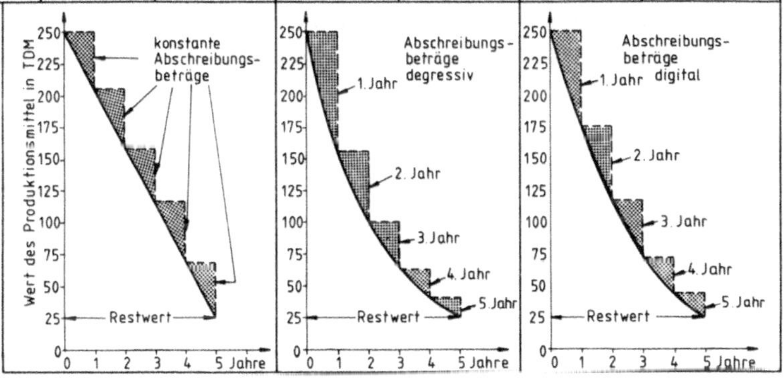

Abb. 6.2 Vergleichende Darstellung der Abschreibungsmethoden

Übungsaufgaben Ü 6.1 bis Ü 6.3

Eine Maschine kostet 600 000 DM und soll 8 Jahre lang produzieren. Danach soll sie einen Schrottwert von 40 000 DM besitzen.

Man berechne die Abschreibungsbeträge und die Zeitwerte der Maschine bei

Ü6.1 linearer

Ü6.2 degressiver und

Ü6.3 digitaler Abschreibung.

Teil III Statistik

7 Statistische Begriffe

Umfangreiches Zahlenmaterial in Wirtschaft und Technik, z.B. Umsätze, Stückzahlen, Lohnkosten, Einkaufspreise, Lieferantenrabatte usw., kann mit Hilfe der Statistik zu wenigen aussagefähigen Daten verdichtet werden.

Die Methoden der Statistik erlauben nicht nur eine sichere Analyse der Gegenwart, sondern ermöglichen auch, zukünftige Wirkungen, z.B. durch Erkennen eines Trends, bereits jetzt abschätzen zu können.

Für die statistischen Berechnungen muß der Rechner in den Statistik-Modus gebracht werden. Dazu betätigt man nach dem Einschalten des Rechners die [2nd] [Mode] -Tasten so lange, bis in der Anzeige ▲STAT steht.

In Tabelle 7.1 sind die in der Statistik wichtigsten Begriffe und die zugehörigen Funktionstasten zusammengestellt.

7.1 Arithmetischer Mittelwert

Der arithmetische Mittelwert $\bar{x}$ ist definiert als die Summe von i Meßwerten, dividiert durch die Anzahl der Meßpunkte.

$$\bar{x} = \frac{x_1 + x_2 + x_3 + \ldots + x_n}{n} = \frac{\sum_{i=1}^{n} x_i}{n} \quad (7.1\text{-}1)$$

$$\bar{y} = \frac{y_1 + y_2 + y_3 + \ldots + y_n}{n} = \frac{\sum_{i=1}^{n} y_i}{n} \quad (7.1\text{-}2)$$

x_i (y_i) x-Wert (y-Wert) des Punktes i

n Anzahl der Meßpunkte

Da in den arithmetischen Mittelwert alle Meßwerte gleichgewichtig eingehen, können extreme Werte den arithmetischen Mittelwert in eine Richtung hin drastisch verändern.

Der arithmetische Mittelwert hat folgende Eigenschaften:

1. Die Summe der Abweichungen aller Meßwerte vom arithmetischen Mittelwert ist Null.
2. Die Summe der quadratischen Abweichungen ist für den arithmetischen Mittelwert ein Minimum. Diese wichtige Eigenschaft findet in der Regressionsrechnung (siehe Abschnitt 7.3) ihre Anwendung.

Zur Berechnung des arithmetischen Mittelwertes der y-Meßpunkte dient 2nd Mean, für die x-Meßpunkte 2nd Mean $x \rightleftarrows y$.

Tabelle 7.1 Statistische Begriffe und entsprechende Funktionstasten

Begriffe	Funktionstasten	
DATENEINGABE		
Eingabe von eindimensionalen Daten	$\Sigma+$	
Eingabe von zweidimensionalen Daten x-Wert	$x \rightleftarrows y$	
y-Wert	$\Sigma+$	
Datenkorrekturtaste	2nd $\Sigma-$	
STATISTISCHE GRUNDBEGRIFFE		
	eindim. Daten	zweidimen. Daten x-Werte
Arithmetischer Mittelwert	2nd Mean	$x \rightleftarrows y$
Standardabweichung für Stichprobendaten (n − 1-Gewichtung)	2nd σ_{n-1}	$x \rightleftarrows y$
Varianz für Stichprobendaten (n − 1-Gewichtung)	2nd σ_{n-1} x^2	$x \rightleftarrows y$ x^2
Standardabweichung einer Grundgesamtheit (n-Gewichtung)	2nd σ_n	$x \rightleftarrows y$
Varianz einer Grundgesamtheit (n-Gewichtung)	2nd σ_n x^2	$x \rightleftarrows y$ x^2
LINEARE REGRESSION UND TRENDLINIENANALYSE		
Achsenabschnitt b auf der y-Achse	2nd b/a	
Steigung a der Regressionsgeraden	2nd b/a $x \rightleftarrows y$	
Bestimmung des y'-Wertes der Regressionsgeraden für einen gegebenen x-Wert	2nd y'	
Bestimmung des x'-Wertes der Regressionsgeraden für einen gegebenen y-Wert	2nd x'	
Korrelationskoeffizient	Corr	

Beispiel: Vergleich zweier Tagesumsätze in verschiedenen Wochen

Umsatz in Woche 12

	Mo	Di	Mi	Do	Fr
Umsatz TDM	30,5	37,8	35,4	36,2	32,7

Umsatz in Woche 41

	Mo	Di	Mi	Do	Fr
Umsatz TDM	26,5	38,5	38,5	42,2	26,8

Die Umsätze der Woche 12 werden als x-Werte über [x ⇄ y] eingegeben, die Umsätze der Woche 41 als y-Werte über [Σ+].

Rechnerprogramm:

Eingabe	Taste(n)	Anzeige	Bemerkungen
	[FIX] 1	0.0	Wahl einer Dezimalstelle
30.5	[x ⇄ y]	0.0	Eingabe erster x-Wert (Montagsumsatz Woche 12)
26.5	[Σ+]	1.0	Eingabe erster y-Wert (Montagsumsatz Woche 41) Speicherung des ersten Zahlenpaares
37.8	[x ⇄ y]	30.5	Eingabe zweiter x-Wert Anzeige des vorhergehenden x-Wertes
38.5	[Σ+]	2.0	Eingabe zweiter y-Wert Speicherung des zweiten Zahlenpaares
35.4	[x ⇄ y]	37.8	entsprechend für x
38.5	[Σ+]	3.0	entsprechend für y
36.2	[x ⇄ y]	35.4	
42.2	[Σ+]	4.0	
32.7	[x ⇄ y]	36.2	
26.8	[Σ+]	5.0	
	[2nd] [Mean]	34.5	Mittelwert der y-Werte (mittlerer Umsatz der Woche 41)
	[x ⇄ y]	34.5	Mittelwert der x-Werte (mittlerer Umsatz der Woche 12)

Bemerkungen zum Programm:

Da beim Abschalten des Rechners die statistischen Daten weiter gespeichert sind, kann man problemlos weitere Daten hinzufügen. Dies kann bei größeren Datenmengen zu einer bedeutenden Zeitersparnis führen.

Falls man jedoch neue statistische Berechnungen durchführen will, müssen unbedingt die alten Daten über [2nd] [CMR] gelöscht werden.

7.2 Standardabweichung und Varianz

Im vorherigen Beispiel waren die beiden arithmetischen Mittelwerte gleich groß, obwohl die Umsätze in Woche 41 im Vergleich zur Woche 12 größeren Schwankungen unterlagen.

Der arithmetische Mittelwert sagt über die Schwankungen und damit über die Verteilung der Meßpunkte nichts aus. Über die Streuung von Meßpunkten geben die Streuungsmaße Auskunft. Dazu zählen die Standardabweichung σ und die Varianz σ^2.

Je nachdem, ob es sich um alle Meßwerte einer Meßreihe, d.h. eine Grundgesamtheit, oder um eine Auswahl aus dieser Grundgesamtheit, d.h. eine Stichprobe handelt, sind in der Statistik aus Gründen der Genauigkeit zwei Formeln üblich:

	Standardabweichung	Varianz
Grundgesamtheit	$\sigma_n = \sqrt{\frac{\sum_{i=1}^{n} (x_i - \bar{x})^2}{n}}$	$\sigma_n^2 = \frac{\sum_{i=1}^{n} (x_i - \bar{x})^2}{n}$
Stichprobe	$\sigma_{n-1} = \sqrt{\frac{\sum_{i=1}^{n} (x_i - \bar{x})^2}{n-1}}$	$\sigma_{n-1}^2 = \frac{\sum_{i=1}^{n} (x_i - \bar{x})^2}{n-1}$

Die Standardabweichung ist die Wurzel aus der Summe der quadratischen Abweichungen der Meßwerte vom arithmetischen Mittelwert:

$$\sum_{i=1}^{n} (x_i - \bar{x})^2$$

dividiert durch

die Anzahl aller Meßpunkte n bei einer Grundgesamtheit	oder	der um eins verminderten Stichprobenelemente $n - 1$ bei einer Stichprobe
σ_n		σ_{n-1}

Ist die Anzahl der Meßpunkte (n) größer als 30, ist der Unterschied zwischen beiden Formeln so klein, daß man wahlweise mit der einen oder anderen Formel rechnen kann.

Hohe Standardabweichungen bedeuten große Abweichungen vom arithmetischen Mittelwert, kleine zeigen geringe Abweichungen an.

Die Varianz ist das Quadrat der jeweiligen Standardabweichungen. Sie spielt in der Praxis keine so große Rolle wie die Standardabweichung; mit ihrer Hilfe lassen sich aber viele komplizierte Formeln der Statistik einfacher darstellen.

Wenn die Daten des letzten Beispiels noch gespeichert sind, schaltet man den Rechner an und erhält:

Eingabe	Taste(n)	Anzeige	Bemerkungen
	[2nd] [σ_n]	6.6	Standardabweichung der y-Werte (Woche 41)
	[x⇄y]	2.6	Standardabweichung der x-Werte (Woche 12)
	[2nd] [σ_n] [x^2] (oder: [x⇄y] [x^2])	42.9	Varianz der y-Werte (Woche 41)
	[x⇄y] [x^2]	6.8	Varianz der x-Werte (Woche 12)

Das bedeutet, daß die Umsätze in der Woche 41 im Standard um 6,6 TDM vom arithmetischen Mittelwert abwichen, die in der Woche 12 lediglich um 2,6 TDM.

Übungsaufgabe Ü 7.1:

Bei einer Stichprobe wurden folgende Ausschußraten festgestellt:

	Mo	Di	Mi	Do	Fr
Ausschuß-rate in %	6,8	5,3	2,1	3,2	2,8

Berechnen Sie den arithmetischen Mittelwert, die Standardabweichung und die Varianz.

7.3 Näherungsrechnungen

Gibt es für Meßpunkte mit den Meßwerten x und y keinen formelmäßigen, funktionalen Zusammenhang, so kann man mit Hilfe der Statistik durch eine Näherungsrechnung einen Zusammenhang zwischen x- und y-Werten finden.

Dieses „Zurückführen" eines Zusammenhangs auf eine mathematische Funktionsgleichung nennt man „Regression".

Die einfachste Näherung ist die lineare Regression, d.h., eine Beschreibung des Zusammenhangs der x- und y-Werte der Meßpunkte durch eine Geradengleichung. Sie wird im nächsten Kapitel behandelt.

7.3.1 Lineare Regression

Die lineare Regression berechnet für eine Vielzahl von zweidimensionalen Punkten P_i mit den Koordinaten (x_i, y_i) die bestangepaßteste Gerade. Das bedeutet, daß die Abweichungen der Koordinaten der Punkte von dieser „Regressionsgeraden" minimal sind.

Beispiel:

Eine Firma gibt monatlich x DM für Werbung eines Artikels aus und erzielt Erträge in Höhe von y DM. Die Beziehungen sollen auch über die angegebenen Bereiche hinaus linear extrapoliert werden können.

x Ausgaben für Werbung in DM	y Erlöse in DM
1000,–	13 200,–
1800,–	19 200,–
2400,–	21 200,–
3600,–	22 000,–
4200,–	25 600,–

Die Gleichung der Regressionsgeraden hat die allgemeine Form:

$$y = ax + b$$

Dabei ist b der Achsenabschnitt auf der y-Achse. Er gibt in unserem Falle den Erlös an, der ohne Einsatz von Werbemitteln (x = 0) erzielt wird.

Die Steigung a gibt in unserem Beispiel an, wie sich der Erlös ändert (Δy), wenn man die Ausgaben für Werbung um eine Einheit ändert (Δx).

In Abbildung 7.1 ist die Regressionsgerade an Hand unseres Beispiels veranschaulicht.

Der Finanzrechner löst die Berechnung der Regressionsgeraden, die Bestimmung des Achsenabschnittes b, der Steigung a und noch andere Aufgaben für Sie.

Dazu werden folgende Tasten benötigt:

Für die Eingabe [x ⇄ y] und [Σ+], sowie als Korrekturtaste die Zweitfunktionstaste [Σ–].

Zur Berechnung die Zweitfunktionstasten:

[Corr] [b/a] [x′] [y′]

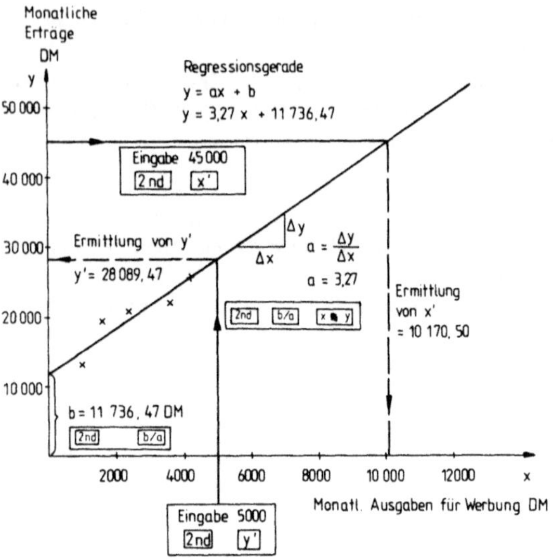

Abb. 7.1 Lineare Regression

Rechnerprogramm:

Vor der Berechnung ist der Rechner eingeschaltet und auf Fließkomma, sowie auf den Statistik-Modus eingestellt.

Eingabe	Taste(n)	Anzeige	Bemerkungen
	[2nd] [CMR]	0	Löschen der Speicher
1000	[x⇄y]	0	Eingabe des ersten x-Wertes
13200	[Σ+]	1	Eingabe des ersten y-Wertes Speicherung des ersten Zahlenpaares
1800	[x⇄y]	1000	Eingabe des zweiten x-Wertes Anzeige des vorhergehenden x-Wertes
19200	[Σ+]	2	Eingabe des zweiten y-Wertes Speicherung des zweiten Zahlenpaares
2400	[x⇄y]	1800	wie oben
21200	[Σ+]	3	
3600	[x⇄y]	2400	

22000	Σ+	4	
4200	x ⇄ y	3600	
25600	Σ+	5	
	FIX 2	5.00	Wahl zweier Dezimalstellen
	2nd b/a	11736.47	Achsenabschnitt b
	x ⇄ y	3.27	Steigung a

Ohne Werbung würde ein Erlös von 11 736,47 DM (Achsenabschnitt b) erzielt werden. Jede zusätzlich für Werbung ausgegebene Mark würde eine Erlössteigerung um 3,27 DM erbringen.

Für die Berechnung der Konstanten a und b der Regressionsgeraden $y = ax + b$ gelten folgende Formeln:

$$a = \frac{\sum_i (x_i - \bar{x})(y_i - \bar{y})}{\sum_i (x_i - \bar{x})^2} \qquad (7.3\text{-}1)$$

Dabei ist:

x_i x-Wert des Punktes i

y_i y-Wert des Punktes i

$\sum_i$ Abkürzung für $\sum_{i=1}^{n}$: Summe aller i Punkte von i = 1 bis zum letzten Punkt i = n

$\bar{x}$ arithmetischer Mittelwert der x-Werte:

$$\bar{x} = \frac{1}{n}\sum_i x_i$$

$\bar{y}$ arithmetischer Mittelwert der y-Werte:

$$\bar{y} = \frac{1}{n}\sum_i y_i$$

Setzt man die Formeln für die arithmetischen Mittelwerte $\bar{x}$ und $\bar{y}$ ein, so erhält man nach Umformung folgende Formel:

$$a = \frac{\sum_i x_i y_i - \frac{\sum_i x_i \sum_i y_i}{n}}{\sum_i x_i^2 - \frac{\left(\sum_i x_i\right)^2}{n}} \qquad (7.3\text{-}2)$$

Aus der Gleichung der Regressionsgeraden $\bar{y} = a\bar{x} + b$ erhält man für b:

$$b = \bar{y} - a\bar{x}$$

Setzt man die Formeln für die arithmetischen Mittelwerte $\bar{y}$ und $\bar{x}$, sowie den Ausdruck für a ein, so erhält man:

$$b = \underbrace{\frac{\sum_i y_i}{n}}_{\bar{y}} - \underbrace{\left(\frac{\sum_i x_i y_i - \frac{\sum_i x_i \sum_i y_i}{n}}{\sum_i x_i^2 - \frac{\left(\sum_i x_i\right)^2}{n}} \right)}_{a} \cdot \underbrace{\frac{\sum_i x_i}{n}}_{\bar{x}} \qquad (7.3\text{-}3)$$

Kennt man die Geradengleichung, die den Zusammenhang zwischen monatlichen Ausgaben für Werbung x und den monatlichen Erlösen y beschreibt, so kann man für jeden gegebenen x-Wert den zugehörigen y'-Wert und für jeden y-Wert den entsprechenden x'-Wert vorhersagen.

Für Werbung stehen z.B. monatlich 5000,– DM zur Verfügung. Welche monatlichen Erträge y' können Sie erwarten?

Eingabe	Taste(n)	Anzeige	Bemerkungen
5000	[2nd] [y']	28089.41	Monatliche Erträge

Wie hoch müssen die Werbeausgaben x' bei Gültigkeit der Regressionsgeraden sein, wenn man monatliche Erträge von 45 000,– DM erzielen will?

Wird der Rechner zwischen zwei Rechenoperationen abgeschaltet, so bleiben die Daten durch das Constant Memory erhalten. Deshalb können Sie einfach einschalten und weiterrechnen.

Eingabe	Taste(n)	Anzeige	Bemerkungen
45000	[2nd] [x']	10170.50	Werbeausgaben

Die Ergebnisse sind ebenfalls in Abbildung 7.1 eingezeichnet.

Die Werte für y' und x' werden durch entsprechendes Umformen der Regressionsgeraden ermittelt:

$$y' = a \cdot \boxed{\text{eingegebener } x'\text{-Wert}} + b \qquad (7.3\text{-}4)$$

und für

$$x' = \frac{\boxed{\begin{array}{c}\text{eingegebener}\\ y'\text{-Wert}\end{array}} - b}{a} \qquad (7.3\text{-}5)$$

Dabei gelten für a und b die bekannten Formeln.

Als Maß für die Genauigkeit, mit der die Regressionsgerade die Punkte $P_i\ (x_i/y_i)$ annähert, ist der sogenannte Korrelationskoeffizient [Corr]. Eine ausführliche Beschreibung finden Sie in Abschnitt 7.3.3.

Übungsaufgabe Ü 7.2:

Eine Firma gab folgende Beträge für Investitionen aus und erzielte damit folgende Gewinne:

Investitionen in DM (x-Werte)	Gewinne in DM (y-Werte)
60 000	23 000
15 000	4 700
28 000	10 000
44 000	16 500
36 000	12 000
11 500	3 600

Wie groß ist der durchschnittliche Gewinn $\bar{y}$, der durchschnittliche Investitionsbetrag $\bar{x}$ und die entsprechenden Standardabweichungen?

Berechnen Sie den Achsenabschnitt b und die Steigung a der Regressionsgeraden, sowie den Korrelationskoeffizienten. Wie groß ist der Gewinn y' bei Investitionen von 100 000 DM? Wieviel DM muß man investieren, um einen Gewinn von 30 000 DM zu erwirtschaften? (Berechnen Sie die Werte bei Gültigkeit der Regressionsgeraden.)

7.3.2 Trendlinienanalyse

Die Trendlinienanalyse ist ein Spezialfall der linearen Regression. Bei ihr wird der x-Wert bei jeder Eingabe um 1 erhöht. Dies ist bei Zeitreihenanalysen wichtig.

Beispiel:

Die verfügbaren Einkommen der privaten Haushalte (ohne nichtentnommene Gewinne der Einzelunternehmen) zeigten von 1960 bis 1978 folgenden Verlauf (Quelle: Statistisches Bundesamt):

	Jahre x										
	1960	1965	1970	1971	1972	1973	1974	1975	1976	1977	1978
Verfügbares Einkommen in Mrd DM	187,9	293,4	425,9	471,5	524,4	571,9	620,5	680,8	721,1	763,1	812,5

Welches verfügbare Einkommen werden die privaten Haushalte 1982 haben und wann wird die 1000 Milliardengrenze überschritten? (Voraussetzung ist die zeitlich bleibende Fortsetzung des Trends.)

Rechnerprogramm:

Liegen die Zahlenwerte in Jahresabständen vor, so muß man nur den ersten Datenpunkt x mit der Taste [x ⇄ y] eingeben. Bei jeder Eingabe eines y-Wertes über [Σ+] wird der x-Wert automatisch um 1 erhöht.

Eingabe	Taste(n)	Anzeige	Bemerkungen
	[2nd] [CMR]	0	Löschen der Speicher
	[FIX] 9	0	Einstellen auf Fließkomma
1960	[x ⇄ y]	0	Eingabe des ersten x-Wertes
187.9	[Σ+]	1	Eingabe des ersten y'-Wertes Speicherung des ersten Zahlenpaares
1965	[x ⇄ y]	1960	Eingabe zweiter x-Wert Anzeige des vorhergehenden x-Wertes
293.4	[Σ+]	2	Eingabe zweiter y-Wert Speicherung des zweiten Zahlenpaares
1970	[x ⇄ y]	1965	entsprechend für x
425.9	[Σ+]	3	entsprechend für y
Da alle folgenden x-Werte um 1 erhöht werden, müssen nur die y-Werte über [Σ+] eingegeben werden!			
471.5	[Σ+]	4	
524.4	[Σ+]	5	
571.9	[Σ+]	6	
620.5	[Σ+]	7	
680.8	[Σ+]	8	
721.1	[Σ+]	9	
763.1	[Σ+]	10	
812.5	[Σ+]	11	
1982	[2nd] [y']	913.60437	Erwartetes Einkommen im Jahre 1982
1000	[2nd] [x']	1984.4116	Die 1000-Milliardengrenze würde 1985 überschritten

Übungsaufgabe Ü 7.3:

In folgender Tabelle sind von 1950 bis 1978 die Arbeitsverdienste in der Industrie in Mrd DM dargestellt:

	Jahre x										
	1950	1960	1970	1971	1972	1973	1974	1975	1976	1977	1978
Verdienst in Mrd DM	15,17	48,61	125,82	140,46	150,04	169,20	105,03	186,17	197,49	212,44	223,00

Wie groß sind bei sich fortsetzendem Trend die Arbeitsverdienste im Jahre 1985?

Wann würde die 300 Mrd-Grenze überschritten sein und wie groß ist der Korrelationskoeffizient?

7.3.3 Korrelation

Neben der Bestimmung der Regressionsgeraden mit ihrer Steigung a und dem y-Achsenabschnitt b ist vor allem wichtig zu wissen, wie genau sich die Punkte (x_i/y_i) durch die Regressionsgerade annähern lassen.

Die Übereinstimmung dieser Punkte mit der Regressionsgeraden gibt der Korrelationskoeffizient [Corr] an.

Liegen alle Punkte auf der Regressionsgeraden, so ist der Korrelationskoeffizient [Corr] = ± 1.

+ Für steigende x-Werte steigen auch die y-Werte (z. B. bei steigenden Preisen steigende Angebotsmengen von Gütern).
- Für steigende x-Werte fallen dagegen die y-Werte (z. B. bei steigenden Preisen fallende Nachfragemengen von Gütern).

Die Abbildung 7.2 veranschaulicht diese Zusammenhänge.

Korrelation	Grafik
+ 1	
− 1	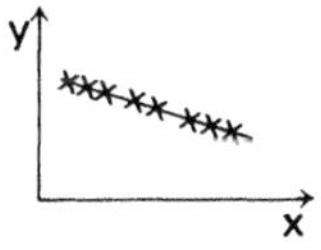

Abb. 7.2

Je nach Stärke der Kopplung zwischen den x- und y-Werten unterscheidet man folgende Klassen:

Betrag des Korrelationskoeffizienten	Stärke der Kopplung
$Corr = 0$	kein Zusammenhang
$0 < \lvert Corr \rvert < 0{,}4$	geringer Zusammenhang
$0{,}4 < \lvert Corr \rvert < 0{,}7$	mittlerer Zusammenhang
$0{,}7 < \lvert Corr \rvert < 1{,}0$	hoher Zusammenhang
$\lvert Corr \rvert = 1$	völliger Zusammenhang

Die Formel für den Korrelationskoeffizienten [Corr] lautet:

$$Corr = \frac{\sum_i (x_i - \bar{x}) \cdot (y_i - \bar{y})}{\sqrt{\sum_i (x_i - \bar{x})^2 \cdot \sum_i (y_i - \bar{y})^2}} \qquad (7.3\text{-}6)$$

Setzt man die bekannten Formeln für die arithmetischen Mittelwerte $\bar{x}$ und $\bar{y}$ ein, so erhält man die Formel:

$$Corr = \frac{n \sum_i x_i y_i - \left(\sum_i x_i\right) \cdot \left(\sum_i y_i\right)}{\sqrt{\left(n \sum_i x_i^2 - \left(\sum_i x_i\right)^2\right) \cdot \left(n \sum_i y_i^2 - \left(\sum_i y_i\right)^2\right)}} \qquad (7.3\text{-}7)$$

Den Wert des Korrelationskoeffizienten [Corr] ermitteln Sie nach Beendigung der Eingabe Ihrer Datenpunkte P_i (x_i/y_i) durch Drücken der Taste [2nd] [Corr].

Aus dem Beispiel folgt für den Korrelationskoeffizienten:

Eingabe	Taste(n)	Anzeige	Bemerkungen
	[2nd] [Corr]	0.93	Korrelationskoeffizient

Der Korrelationskoeffizient von 0,93 bedeutet, daß die lineare Regressionsgerade einen hohen Zusammenhang der x- mit den y-Werten darstellt.

Beachten Sie dabei aber, daß alle statistischen Aussagen nur sinnvoll bei großen Zahlenmengen sind. Für nur 5 Zahlenpaare müssen daher statistische Aussagen sehr kritisch betrachtet werden.

7.3.4 Nichtlineare Zusammenhänge

Wirtschaftliche Zusammenhänge können auch nichtlineares Verhalten aufweisen. Durch geschicktes mathematisches Umformen können viele Kurven als Geradengleichungen dargestellt werden, die vom Rechner als Regressionsgeraden berechnet werden können.

Wir beschränken uns hier auf den wichtigen Fall von Vorgängen mit Steigerungsraten. Funktionen, die diese beschreiben, sind Exponentialfunktionen. Durch Logarithmieren werden sie zu Geraden, die der Rechner als Regressionsgerade ermitteln kann.

Allgemein gilt für diesen Fall:

$$x = b_0 \cdot y^z$$

Dabei sind x und y Variable, b_0 eine Konstante und z die gesuchte Steigerungsrate. Umgeformt ergibt sich:

$$x = e^{ln\,(b_0 \cdot y^z)} = e^{\boxed{(ln\,b_0 + z \cdot ln\,y)}} \leftarrow \text{ Exponent ist eine Gerade}$$

Dieser gestrichelt eingerahmte Exponent

$$ln\,b_0 + z \cdot ln\,y$$

ist eine Regressionsgerade mit der Steigung a gleich der gesuchten Steigerungsrate z.

Um diese Regressionsgerade zu ermitteln, muß man also die x-Werte über [x⇆y] eingeben, die y-Werte zuerst mit [2nd] [ln x] logarithmieren und dann über [Σ+] eingeben.

Nach der vollständigen Eingabe erhält man über [2nd] [b/a] [x⇆y] den Steigungswert a, der der Steigerungsrate entspricht.

Beispiel: Die Staatsausgaben der Bundesrepublik haben sich von 1963 bis 1979 folgendermaßen entwickelt:

	Jahre (x-Werte)									
	1963	1966	1968	1969	1971	1973	1975	1977	1978	1979
Staatsausgaben in Mrd DM (y-Werte)	55,2	68,4	75,8	81,9	98,4	122,1	159,0	171,9	190,7	204,6

Wie groß ist die jährliche Steigerungsrate in %? Wie groß werden die Staatsausgaben im Jahre 2000 sein und wann wird die 1000 Mrd-Grenze überschritten werden, wenn sich der Trend fortsetzt?

Rechnerprogramm:

Eingabe	Taste(n)	Anzeige	Bemerkungen
	[2nd] [CMR]	0	Löschen der Speicher
	[FIX] 9	0	Fließkomma
1963	[x⇄y]	0	Eingabe erster x-Wert
55.2	[2nd] [lnx] [Σ+]	1	Eingabe erster ln y-Wert Speicherung des ersten Wertepaares
1966	[x⇄y]	1963	Eingabe zweiter x-Wert Anzeige des vorhergehenden x-Wertes
68.4	[2nd] [lnx] [Σ+]	2	Eingabe zweiter ln y-Wert Speicherung des zweiten Wertepaares
1968	[x⇄y]	1966	analog x
75.8	[2nd] [lnx] [Σ+]	3	analog y
1969	[x⇄y]	1968	
81.9	[2nd] [lnx] [Σ+]	4	
1971	[x⇄y]	1969	
98.4	[2nd] [lnx] [Σ+]	5	
1973	[x⇄y]	1971	
122.1	[2nd] [lnx] [Σ+]	6	
1975	[x⇄y]	1973	
159.0	[2nd] [lnx] [Σ+]	7	
1977	[x⇄y]	1975	
171.9	[2nd] [lnx] [Σ+]	8	
1978	[x⇄y]	1977	
190.7	[2nd] [lnx] [Σ+]	9	
1979	[x⇄y]	1978	
204.6	[2nd] [lnx] [Σ+]	10	
	[2nd] [b/a] [x⇄y]	0.0861317	Steigung a (gleich Steigerungsrate z)
2000	[2nd] [y']	7.1354404	*ln* der Staatsausgaben
	[2nd] [e^x]	1255.6899	Staatsausgaben i. J. 2000
1000	[2nd] [lnx]	6.9077553	*ln* der Staatsausgaben
	[2nd] [x']	1997.3565	Überschreiten der 1000 Mrd-Grenze im Jahr 1998

7.4 Datenkorrektur

Beim Eingeben von statistischen Daten kommt es gelegentlich vor, daß man die falschen Daten eingibt. Datenpunkte werden durch die Tastenfolge [2nd] [Σ−] gelöscht. In der Anzeige steht dann die Anzahl der noch gespeicherten Datenpunkte.

In Abbildung 7.3 (S. 129) werden die Verfahren der Datenkorrektur gezeigt. Man unterscheidet dabei prinzipiell zwei Fälle:

1. Die Korrektur des letzten Eingabewertes, weil man sich z.B. vertippt hat.
2. Die Korrektur eines beliebigen Datenpunktes, weil sich dieser geändert hat.

Auch an dieser Stelle muß darauf hingewiesen werden, daß nach den statistischen Berechnungen nur das Verfahren zur Korrektur beliebiger Datenpunkte möglich ist. Dies ist verständlich, da die Korrektur des letzten Datenwertes nur unmittelbar nach der falschen Eingabe gelöscht werden kann.

Folgende Beispiele sollen die Verfahren ausführlicher erläutern:

7.4.1 Beispiel für eindimensionale Daten

Eine Brauerei liefert an fünf Wochentagen folgende Biermengen (tausend hl):

		Veränderungen	
Wochentage	Ausstoß tsd hl Bier	a.	b. neue Daten
Montag	2,5		3,2
Dienstag	3,3		
Mittwoch	3,8 +)	+) falsch	
Donnerstag	3,1		3,8
Freitag	4,2		
Mittelwert	3,38		3,66

Wie groß ist der mittlere Bierausstoß in dieser Woche?

7.4.1.1 Korrektur des letzten Eingabewertes

Eingabe	Taste(n)	Anzeige	Bemerkungen
	[ON/C]	▲ STAT 0	Rechner auf Statistik-Modus eingeschaltet
[FIX] 2	[2nd] [CMR]	0.00	Löschen der Register
2.5	[Σ+]	1.00	erster Wert
3.3	[Σ+]	2.00	zweiter Wert
	Falscheingabe und Fehlerkorrektur		
	Falscheingabe		
3.3	[Σ+]	3.00	dritter Wert

	Fehlerkorrektur		
	[2nd] [Σ−]	2.00	Löschung des 3. Wertes (noch 2 Werte gespeichert)
3.8	[Σ+]	3.00	neuer dritter Wert
3.1	[Σ+]	4.00	vierter Wert
4.2	[Σ+]	5.00	fünfter Wert
	[2nd] [Mean]	3.38	mittlerer Bierausstoß

7.4.1.2 Korrektur beliebiger Datenpunkte

Der arithmetische Mittelwert von 3,38 tausend hl durchschnittlicher Bierausstoß pro Woche ist zu gering. Deshalb wird versucht, den Ausstoß am Montag auf 3,2 und am Donnerstag auf 3,8 tausend hl anzuheben. Wie groß ist der neue arithmetische Mittelwert? Sie haben den Rechner ausgeschaltet? Dann schalten Sie ihn ein, denn das Constant Memory hat Ihr Programm noch gespeichert.

Eingabe	Taste(n)	Anzeige	Bemerkungen
	[ON/C]	▲ STAT 0	Rechner auf Statistik-Modus eingeschaltet
	[x⇄y]	0.00	
2.5	[2nd] [Σ−]	4.00	Löschen des ungewollten Datenpunktes Noch 4 Datenpunkte sind gespeichert
3.2	[Σ+]	5.00	Eingabe des neuen Datenpunktes 5 gespeicherte Datenpunkte
	[ON/C]	0	
	[x⇄y]	0.00	
3.1	[2nd] [Σ−]	4.00	Löschen des ungewollten Datenpunktes Noch 4 Datenpunkte sind gespeichert
3.8	[Σ+]	5.00	Eingabe des neuen Datenpunktes 5 gespeicherte Datenpunkte
	[2nd] [Mean]	3.66	neuer arithmetischer Mittelwert

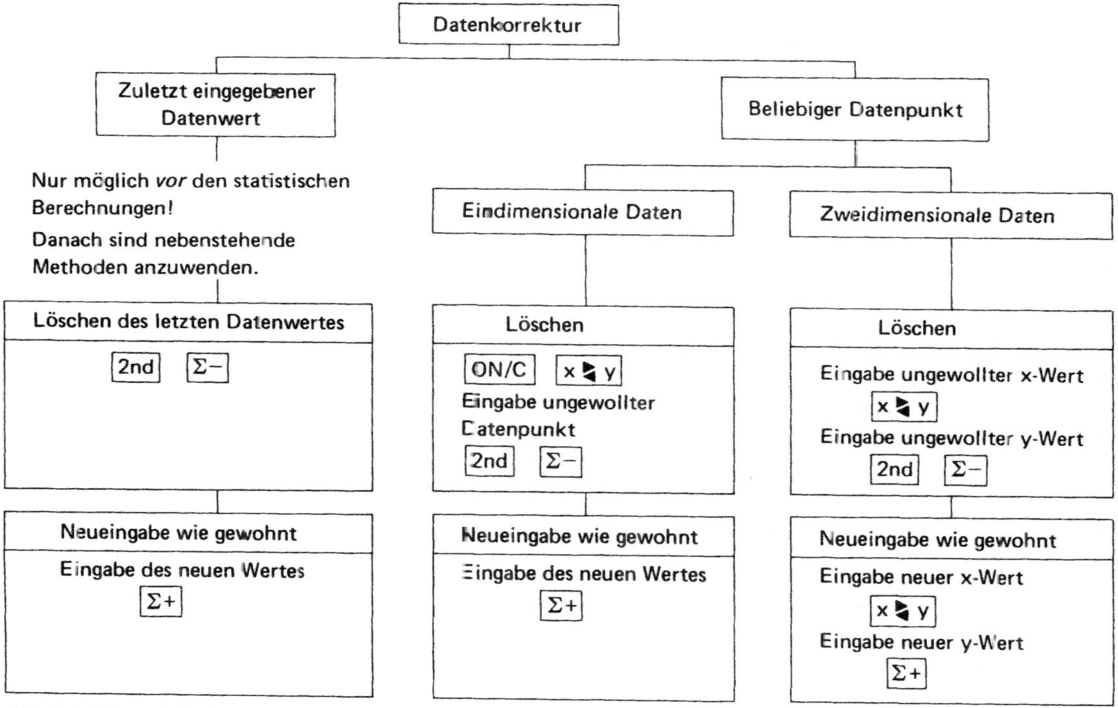

Abb. 7.3 Schematische Darstellung der Möglichkeiten der Datenkorrektur

7.4.2 Beispiel für zweidimensionale Daten

Am Beispiel für die lineare Regression (Abschnitt 7.3.1) sollen die Verfahren zur Korrektur zweidimensionaler Daten vorgestellt werden.

x Ausgaben für Werbung	y Erlöse	Veränderungen falsch	neue Daten x	y
1000,–	13 200,–			
1800,–	19 200,–			
2400,–	21 200,–		2800,–	21 400,–
3600,–	22 000,– +)	+)		
4200,–	25 600,–		4600,–	26 000,–

+) Bei der Eingabe dieses Wertes sei ein Fehler unterlaufen.

7.4.2.1 Korrektur des letzten Datenwertes

Rechnerprogramm:

Eingabe	Taste(n)	Anzeige	Bemerkungen
	2nd CMR	0.00	Löschen der Register
	FIX 9	0	Einstellen auf Fließkomma
1000	x⇄y	0	
13200	Σ+	1	Speicherung des ersten Wertepaares
1800	x⇄y	1000	
19200	Σ+	2	Speicherung des zweiten Wertepaares
2400	x⇄y	1800	
21200	Σ+	3	Speicherung des dritten Wertepaares
3600	x⇄y	2400	
	Falscheingabe und Fehlerkorrektur		
	Falscheingabe		
21400	Σ+	4	Speicherung des vierten Wertepaares

	Fehlerkorrektur		
	[2nd] [Σ−]	3	Löschung des letzten Eingabewertes Noch 3 Wertepaare sind gespeichert
22000	[Σ+]	4	Eingabe des neuen Wertes Speicherung des vierten Wertepaares
4200	[x⇄y]	3600	
25600	[Σ+]	5	Speicherung des fünften Wertepaares
	[2nd] [b/a]	11736.471	Achsenabschnitt b
	[x⇄y]	3.2705882	Steigung a

7.4.2.2 Korrektur beliebiger zweidimensionaler Datenpunkte

Der Rechner soll sein vorheriges Programm noch gespeichert haben. Es soll der Korrelationskoeffizient unter Berücksichtigung der nach obiger Tabelle (Abschnitt 7.4.2) zu korrigierenden Werte ermittelt werden.

Rechnerprogramm:

Eingabe	Taste(n)	Anzeige	Bemerkungen
[ON/C]	[FIX] 2	0.00	Einschalten des Rechners
2400	[x⇄y]	0.00	Löschen des ungewollten Datenpaares
21200	[2nd] [Σ−]	4.00	Noch 4 Datenpaare sind gespeichert
			gespeichert
2800	[x⇄y]	2400.00	Eingabe neuer x-Wert Anzeige letzter x-Wert
21400	[Σ+]	5.00	Eingabe neuer y-Wert Speicherung des fünften Datenpaares
4200	[x⇄y]	2800.00	Löschen des ungewollten Datenpaares
25600	[2nd] [Σ−]	4.00	Noch 4 Datenpaare sind gespeichert

4600	x ⇄ y	4200.00	Eingabe neuer x-Wert Anzeige letzter x-Wert
26000	Σ+	5.00	Speicherung des fünften Datenpaares
	2nd b/a	11679.88	neuer Achsenabschnitt b
	x ⇄ y	3.14	neue Steigung a
	2nd Corr	0.95	neuer Korrelations-koeffizient

Teil IV Anhang

8 Lösungen der Übungsaufgaben

Ü3.2 Gewinnspannen

Eingabe	Taste(n)	Anzeige	Bemerkungen
	[FIX] 2	0.00	Wahl zweier Dezimalstellen
Berechnung der Gewinnspanne bei Eigenfertigung in %			
	738.5 [CST]	738.50	Eingabe der Selbstkosten
	812.6 [SEL]	812.60	Eingabe des Preises bei Fremdbezug
	[2nd] [MAR]	9.12	Gewinnspanne in %
Berechnung der Herstellkosten in DM			
	812.6 [SEL]	812.60	Eingabe des Preises bei Fremdbezug
	15 [MAR]	15.00	Eingabe der Gewinnspanne
	[2nd] [CST]	690.71	Herstellkosten in DM
Berechnung des Marktpreises in DM			
	738.5 [CST]	738.50	Eingabe der Herstellkosten
	15 [MAR]	15.00	Eingabe der Gewinnspanne
	[2nd] [SEL]	868.82	Marktpreis in DM

Ü4.1.2 Einfache jährliche Verzinsung

Eingabe	Taste(n)	Anzeige	Bemerkungen
	[2nd] [CMR]	0.00	
200.00		200.00	Guthaben per 20.7.
[x] 40 [%] [=]		80.00	Zinszahl für 40 Tage (20.7.–30.8.)
200 [x] 30 [%] [=] [STO]		60.00	Zinszahl für 30 Tage (30.8.–30.9.)
300 [+] 200 [=]		500.00	Guthaben per 30.9.
[x] 81 [%] [=] [SUM]		405.00	Zinszahl für 81 Tage (30.9.–21.12.)
250 [+/–] [+] 500 [=]		250.00	Guthaben per 21.12.
[x] 9 [%] [=] [SUM]		22.50	Zinszahl für 9 Tage (21.12.–31.12.)
360 [÷] 3 [=]		120.00	Zinsdivisor für 3 %
360 [÷] 3.5 [=]		102.86	Zinsdivisor für 3.5 %
[RCL] [÷] 102.86 [=] [STO]		4.74	Zinsen 1.9.–31.12.
80 [÷] 120 [=] [SUM]		0.67	Zinsen 20.7.–30.8.
250 [SUM] [RCL]		255.41	Guthaben per 31.12.
400 [SUM] [RCL]		655.41	Guthaben per 10.1.

Ü4.1.3 Gemischte Verzinsung

Eingabe	Taste(n)	Anzeige	Bemerkungen
	Berechnung des Anfangskapitals		
	2nd CMR	0.00	
85 ÷ 360	=	0.24	85 Tage = 0.24 Jahre
x 5 % + 1 =	FIX 4 STO	1.0118	Ermittlung des Kapitals
8743.26 ÷ RCL =	FV	8641.2453	nach 6 Jahren Laufzeit nach Formel (4.1-31)
6	N	6.0000	
5	%i	5.0000	
	2nd PV FIX 2	6448.23	Anfangskapital
	Berechnung der Laufzeit		
	PV	6448.23	
8743.26	FV	8743.26	
5	%i	5.00	
	2nd N FIX 4	6.2405	
6	N FIX 2	6.00	
	2nd FV STO	8641.25	
8743.26 +/−	SUM RCL +/−		
		102.01	Zinsen der Restlaufzeit
8641.25 x 5 =	STO	43206.25	Ermittlung der Restlaufzeit in Tagen nach
102.01 x 36000 ÷	RCL =	85.00	Formel (4.1-31)
Gesamtlaufzeit also 6 Jahre und 85 Tage			

Ü4.2.8 Effektivzinsfuß für Sparbuch mit Bonus

Eingabe	Taste(n)	Anzeige	Bemerkungen
	[2nd] [CMR]	0.00	
0.06 [÷] 2 [x] 13 [+] 12			
	[x] 100 [=] [PMT]	1239.00	Ersatzrente nach Formel (4.2-12, S. 56) (m + 1) = 12 + 1 = 13
5	[N]	5.00	
6	[%i]	6.00	
	[2nd] [FV] [STO]	6984.36	Endkapital ohne Bonus
5 [x] 12 [x] 100 [=]		6000.00	Summe Einzahlungen
	[x] 3 [%] [=]	180.00	Bonus
	[SUM] [RCL] [STO]	7164.36	Endkapital mit Bonus
	[FV]	7164.36	
60 [N] 100 [PMT] [DUE] [%i]			
	[FIX] 4	0.5674	Periodischer Zinsfuß
	[2nd] [CMR] [%i]	0.5674	
12 [N] [FIX] 2 100 [PV]			
	[2nd] [FV]	107.03	
1 [N] [2nd] [%i]		7.03	Effektivzinsfuß (%)

Ü4.2.9 Anschaffungsdarlehen

Eingabe	Taste(n)	Anzeige	Bemerkungen
	Effektivzins ohne Sondergebühren (Lösung a)		
	[2nd] [CMR]	0.00	
20000 [x] 60 [x] 0.008 [=]	[STO]	9600.00	Gesamtzinsen
20000 [x] 2 [%] [=]	[SUM]	400.00	Bearbeitungsgebühr
20000 [SUM] [RCL] [÷] 60 [=]		500.00	Monatsrate
[PMT] 60 [N]			
20000 [PV] [2nd] [%i]		1.44	Relativer Zinssatz
	[2nd] [CMR] [%i]	1.44	
12 [N] 100 [PV] [2nd] [FV]			
	[−] 100 [=]	18.71	Effektivzinsfuß (%)
	Effektivzins mit Sondergebühren (Lösung b)		
9600 [+] 400 [=] [STO]		10000.00	Laut Lösung a)
60 [x] 1 [+] 190 [+] 50 [+]			
20000 [=] [SUM] [RCL] [÷] 60 [=]		505.00	Monatsrate
[PMT] 60 [N] 20000 [−]			
190 [=] [PV] [2nd] [%i]		1.52	Relativer Zinsfuß
[2nd] [CMR] [%i] 12 [N] 100 [PV]			
[2nd] [FV] [−] 100 [=]		19.78	Effektivzinsfuß (%)
Die unterschiedliche Fälligkeit der Inkassospesen wurde vernachlässigt			

Ü4.3.2 Effektivverzinsung bei Ratentilgung

Eingabe Taste(n)	Anzeige	Bemerkungen
[FIX] 4 [2nd] [CMR]	0.0000	
1. Iteration (p_e = 6.80 %)		
Ergebnis ohne Freijahre	97.9337	Siehe Aufgabe im Abschnitt 4.3.2.4 (S. 79)
1.068 [x^2] [1/x]	0.8767	$1 : q_e^k$ — Nach Formel (4.3-13)
[x] 97.9337 [=] [STO]	85.8598	Nach Formel (4.3-13)
1 [PMT] 6.8 [%i] 2 [N]		Nach Formel (4.3-13)
[2nd] [PV]	1.8130	$a_{2/e}$ — Nach Formel (4.3-13)
[x] 6 [=] [SUM] [RCL]	96.7380 < 98.	Da C = 98 ist p_e zu groß
2. Iteration (p_e = 6.75 %)		
Ergebnis ohne Freijahre	98.0620	Erläuterungen siehe oben!
1.0675 [x^2] [1/x]	0.8775	
[x] 98.0620 [=] [STO]	86.0528	
1 [PMT] 6.75 [%i] 2 [N]		
[2nd] [PV]	1.8143	
[x] 6 [=] [SUM] [RCL]	96.9386 < 98	
3. Iteration (p_e = 6.50 %)		
1 [PMT] 6.5 [%i] 5 [N] [2nd] [PV]	4.1557	Erläuterungen siehe oben!
[+/−] [STO] 5 [SUM] [RCL]	0.8443	
6 [÷] 6.5 [x] [RCL] [=] [STO]	0.7794	
4.1557 [SUM] [RCL] [x] 20 [=]	98.7015	
1.065 [x^2] [1/x]	0.8817	
[x] 98.7015 [=] [STO]	87.0211	
1 [PMT] 6.5 [%i] 2 [N] [2nd] [PV]	1.8206	
[x] 6 [=] [SUM] [RCL]	97.9449 < 98	

4. Iteration (p_e = 6.49 %)

1 [PMT] 6.49 [%i] 5 [N] [2nd] [PV]		Erläuterungen siehe oben!
	4.1568	
[+/−] [STO] 5 [SUM] [RCL]	0.8432	
6 [÷] 6.49 [x] [RCL] [=] [STO]	0.7795	
4.1568 [SUM] [RCL] [x] 20 [=]	98.7267	
1.0649 [x²] [1/x]	0.8818	
[x] 98.7267 [=] [STO]	87.0597	
1 [PMT] 6.49 [%i] 2 [N] [2nd] [PV]		
	1.8209	
[x] 6 [=] [SUM] [RCL]	97.9849 < 98	

Der Effektivzinsfuß liegt also ziemlich genau bei 6.49 %

Ü4.3.3-1 Tilgung mit gleichbleibenden Jahresannuitäten

Eingabe	Taste(n)	Anzeige	Bemerkungen
	[2nd] [CMR]	0.00	
50000	[PV]	50000.00	Kreditbetrag
10	[N]	10.00	Laufzeit
8.5	[%i]	8.50	Zinsfuß
	[2nd] [PMT]	7620.39	Annuität
1	[2nd] [P/I]	3370.39	Tilgung im 1. Jahr
	[x⇄y]	4250.00	Zinsen im 1. Jahr
2	[2nd] [P/I]	3656.87	Tilgung im 2. Jahr
	[x⇄y]	3963.52	Zinsen im 2. Jahr
3	[2nd] [P/I]	3967.70	Tilgung im 3. Jahr
	[x⇄y]	3652.68	Zinsen im 3. Jahr
6	[2nd] [Acc/Bal]	20683.62	Zinssumme nach 6 Jahren
8	[2nd] [Acc/Bal] [x⇄y]		
		13496.57	Restschuld nach 8 Jahren

Ü4.3.3-3 Effektivverzinsung von Annuitätenschulden

Eingabe	Taste(n)	Anzeige	Bemerkungen
Tilgung mit jährlichen Prozentannuitäten			
	[2nd] [CMR]	0.00	
80000 [x] 11 [%] [=] [PMT]		8800.00	Jahresannuität
8 [%i] 80000 [PV] [2nd] [N]		16.88	Laufzeit in Jahren
16 [2nd] [Acc/Bal] [x ⇄ y]		7221.72	Restschuld nach 16 Jahren
1. Iteration (p_e = 9.00 %)			
8800 [PMT] 9 [%i] 16 [N]			
[2nd] [PV] [FIX] 4 [STO]		73150.512	Barwert der Annuitäten (16 Jahre)
1.09 [2nd] [y^x] 17 [=] [1/x]		0.2311	
	[x] 7221.72 [=]	1668.7458	Barwert der Restzahlung (17 Jahre)
[SUM] [RCL] [÷] 80000			
	[x] 100 [=]	93.5241 < 95.	Da C = 95 ist p_e zu groß
2. Iteration (p_e = 8.70 %)			
8800 [PMT] 8.7 [%i] 16 [N]			Erläuterungen siehe oben!
	[2nd] [PV] [STO]	74524.358	
1.087 [2nd] [y^x] 17 [=] [1/x]		0.2422	
	[x] 7221.72 [=]	1748.7930	
[SUM] [RCL] [÷] 80000			
	[x] 100 [=]	95.3414 > 95.	Da C = 95 ist p_e zu klein
3. Iteration (p_e = 8.75 %)			
8800 [PMT] 8.75 [%i] 16 [N]			Erläuterungen siehe oben!
	[2nd] [PV] [STO]	74292.578	
1.0875 [2nd] [y^x] 17 [=] [1/x]		0.2403	
	[x] 7221.72 [=]	1735.1744	
[SUM] [RCL] [÷] 80000			
	[x] 100 [=]	95.0347 ≈ 95.	Relativ genaue Näherungslösung

Halbjährliche Verrechnung von Zinsen und Tilgung

80000 [x] 5.5 [%] [=] [PMT]	4400.00	Halbjahresannuität
4 [%i] 80000 [PV] [2nd] [N]	33.13	Halbjahre
33 [2nd] [Acc/Bal] [x⇄y]	548.57	Restschuld nach $16\frac{1}{2}$ Jahren

1. Iteration (p_e = 8.80 %)

4400 [PMT] 4.4 [%i] 33 [N]		
[2nd] [PV] [FIX] 4 [STO]	75851.868	Barwert der Annuitäten (16 Jahre)
1.044 [2nd] [y^x] 34 [=] [1/x]	0.2313	
[x] 548.57 [=]	126.8864	Barwert der Restzahlung
[SUM] [RCL] [÷] 80000		
[x] 100 [=]	94.9734 < 95.	Da C = 95 ist p_e noch etwas zu groß

2. Iteration (p_e = 8.79 %)

4400 [PMT] 4.395 [%i] 33 [N]		Erläuterungen siehe oben!
[2nd] [PV] [STO]	75899.922	
1.04395 [2nd] [y^x] 34 [=] [1/x]	0.2317	
[x] 548.57 [=]	127.0932	
[SUM] [RCL] [÷] 80000		
[x] 100 [=]	95.0338 > 95	Da C = 95 ist p_e etwas zu klein

Der genaue Wert von p_e muß also zwischen 8.8 % und 8.79 % liegen

Tilgung zum Ende der gemischten Laufzeit mit jährlichen Prozentannuitäten

16.88 [N] 11 [PMT] [FIX] 2		
95 [PV] [2nd] [%i]	8.78	Effektivzins (%)

Tilgung zum Ende der gemischten Laufzeit mit halbjährlichen Prozentannuitäten

16.88 [x] 2 [=] [N] 11 [÷] 2		
[=] [PMT] 95 [PV] [2nd] [%i]	4.46	Periodischer Zinsfuß
[2nd] [CMR] [%i]	4.46	
2 [N] 100 [PV] [2nd] [FV]		
[−] 100 [=]	9.13	Effektivzins (%)

Ü4.4.1 Effektivverzinsung von Pfandbriefen

Eingabe	Taste(n)	Anzeige	Bemerkungen
	[2nd] [CMR]	0.00	
91 [+] 3.5 [%] [=]		94.19	Ankauf plus Spesen
100 [−] 3.5 [%] [=]		96.50	Verkauf minus Spesen
<u>1. Iteration</u> (p_e = 5.5 %)			
5 [PMT] 5 [N] 5.5 [%i]			
[2nd] [PV] [FIX] 4 [STO]		21.3514	
1.055 [1/x] [2nd] [y^x] 5 [=]		0.7651	
[x] 96.5 [=] [SUM] [RCL]		95.1869 > 94.19	
<u>2. Iteration</u> (p_e = 5.8 %)			
5 [PMT] 5 [N] 5.8 [%i]			
[2nd] [PV] [STO]		21.1769	Nach Formel (4.4-1)
1.058 [1/x] [2nd] [y^x] 5 [=]		0.7543	
[x] 96.5 [=] [SUM] [RCL]		93.9715 < 94.19	
<u>3. Iteration</u> (p_e = 5.75 %)			
5 [PMT] 5 [N] 5.75 [%i]			
[2nd] [PV] [STO]		21.2058	
1.0575 [1/x] [2nd] [y^x] 5 [=]		0.7561	
[x] 96.5 [=] [SUM] [RCL]		94.1727 ≈ 94.19	Hinreichende Näherungslösung!

Ü4.4.2 Rendite von Aktien

Eingabe	Taste(n)	Anzeige	Bemerkungen
	Kursrendite		
	[2nd] [CMR]	0.00	
50000 [x] 110 [%] [=]		55000.00	Ankaufspreis
[x] 3.6 [%] [=]		1980.00	Spesen des Ankaufs
50000 [x] 150 [%] [=]		75000.00	Verkaufspreis
[x] 3.6 [%] [=]		2700.00	Spesen des Verkaufs
55000 [+] 1980 [=] [PV]		56980.00	Eingesetztes Kapital
75000 [−] 2700 [=] [FV]		72300.00	Endkapital
2 [N] [2nd] [%i]		12.64	Kursrendite R_K (%)
	Zinsrendite		
50000 [÷] 50 [=]		1000.00	Zahl der Aktien bei 50.– DM Nennwert
8 [+] 7 [x] 1000 [=]		15000.00	Gesamtdividende (Brutto)
1 [−] 0.25 [x] 15000 [=]			
		11250.00	Dividende nach Steuern
[−] 1980 [ ] 2700 [=]		6570.00	Nettodividende
2 [x] 56980 [=] [1/x] [x] 6570			
[x] 100 [=]		5.77	Durchschnittliche Zinsrendite R_Z (%)
	Gesamtrendite		
12.64 [+] 5.77 [=]		18.41	(%)

Ü5.1 Berechnung des Kapitalwertes

Eingabe	Taste(n)	Anzeige	Bemerkungen
	[ON/C]	FIN 0	Finanzmathematik-Modus
	[FIX] 2	0.00	Wahl zweier Dezimalstellen
930000	[+/–] [STO]	– 930000.00	Speichern des Anfangswertes
270000	[÷] 1.15 [=]	234782.61	Barwert der Rückflüsse im ersten Jahr
	[SUM] [RCL]	– 695217.39	Kapitalwert nach 1 Jahr
1.15	[2nd] [y^x] 2 [=] [1/x]	0.76	Abzinsungsfaktor im 2. Jahr
	[x] 330000 [=]	249527.41	Barwert der Rückflüsse im zweiten Jahr
	[SUM] [RCL]	– 445689.98	Kapitalwert nach 2 Jahren
1.15	[2nd] [y^x] 3 [=] [1/x]	0.66	Abzinsungsfaktor im 3. Jahr
	[x] 190000 [=]	124928.08	Barwert der Rückflüsse im dritten Jahr
	[SUM] [RCL]	– 320761.90	Kapitalwert nach 3 Jahren
1.15	[2nd] [y^x] 4 [=] [1/x]	0.57	Abzinsungsfaktor im 4. Jahr
	[x] 240000 [=]	137220.78	Barwert der Rückflüsse im vierten Jahr
	[SUM] [RCL]	– 183541.12	Kapitalwert nach 4 Jahren
1.15	[2nd] [y^x] 5 [=] [1/x]	0.50	Abzinsungsfaktor im 5. Jahr
	[x] 400000 [=]	198870.69	Barwert der Rückflüsse im fünften Jahr
	[SUM] [RCL]	15329.58	Kapitalwert nach 5 Jahren

Der Kapitalwert ist positiv. Es kann die Investition empfohlen werden, da zusätzlich zur Investition und Kapitalverzinsung noch ein kleiner Investitionsgewinn von 2 % der Investitionsausgaben erwirtschaftet wurde.

Ü5.2 Berechnung des internen Zinsfußes

Eingabe	Taste(n)	Anzeige	Bemerkungen
	Berechnung des Kapitalwertes K_{02} bei p_2 = 18 % Zins		
	[FIX] 3	0.000	Wahl dreier Dezimalstellen
930000	[+/–] [STO]	– 930000.00	Speichern des Anfangswertes
270000	[÷] 1.18 [=]	228813.56	Barwert der Rückflüsse im ersten Jahr
	[SUM] [RCL]	– 701186.44	Kapitalwert nach 1 Jahr
1.18	[2nd] [y^x] 2 [=] [1/x]	0.718	Abzinsungsfaktor im 2. Jahr
	[x] 330000 [=]	237000.86	Barwert der Rückflüsse im zweiten Jahr
	[SUM] [RCL]	– 464185.58	Kapitalwert nach 2 Jahren
1.18	[2nd] [y^x] 3 [=] [1/x]	0.609	Abzinsungsfaktor im 3. Jahr
	[x] 190000 [=]	115639.87	Barwert der Rückflüsse im dritten Jahr
	[SUM] [RCL]	– 348545.71	Kapitalwert nach 3 Jahren
1.18	[2nd] [y^x] 4 [=] [1/x]	0.516	Abzinsungsfaktor im 4. Jahr
	[x] 240000 [=]	123789.33	Barwert der Rückflüsse im vierten Jahr
	[SUM] [RCL]	– 224756.38	Kapitalwert nach 4 Jahren
1.18	[2nd] [y^x] 5 [=] [1/x]	0.437	Abzinsungsfaktor im 5. Jahr
	[x] 400000 [=]	174843.69	Barwert der Rückflüsse im fünften Jahr
	[SUM] [RCL]	– 49912.697	Kapitalwert K_{02} nach 5 Jahren
	Berechnung des internen Zinsfußes p_0		
[RCL] [–] 15329.58 [=]		– 65242.277	Differenz der Kapitalwerte
[1/x] [x] 15329.58 [x] 3 [=]		– 0.705	
[+/–] [+] 15 [=]		15.705	interner Zinsfuß p_0

Ü5.3 Berechnung der Annuitäten

Eingabe	Taste(n)	Anzeige	Bemerkungen
Berechnung der Annuität für den Zinssatz p_1 = 15 %			
	[FIX] 2	0.00	Wahl zweier Dezimalstellen
5 [N] 15 [%i] 15329.58	[PV]		Eingabe der Nutzungsdauer, des Zinssatzes und des Kapitalwertes K_{01}
	[2nd] [PMT]	4573.05	Annuität
Berechnung der Annuität für den Zinssatz p_2 = 18 %			
5 [N] 18 [%i] 49912.7	[+/−] [PV]	− 49912.70	Eingabe der Nutzungsdauer, des Zinssatzes und des Kapitalwertes K_{02}
	[2nd] [PMT]	− 15960.98	Annuität

Ü 6.1 Abschreibungsbeträge und Buchwerte bei linearer Abschreibung

Eingabe	Taste(n)	Anzeige	Bemerkungen
	[FIX] 2 [2nd] [CMR]	0.00	Wahl zweier Dezimalstellen Löschen der Speicher
600000	[−] 40000 [=]	560000.00	Gesamter Abschreibungsbetrag
	[÷] 8 [=]	70000.00	Durchschnittlicher jährl. Abschreibungsbetrag
	[−] [K] [=]	0.00	Abzug der Konstanten von 70 000 DM bei jeder Rechenoperation
600000	[=]	530000.00	Buchwert nach 1 Jahr
	[=]	460000.00	Buchwert nach 2 Jahren
	[=]	390000.00	Buchwert nach 3 Jahren
	[=]	320000.00	Buchwert nach 4 Jahren
	[=]	250000.00	Buchwert nach 5 Jahren
	[=]	180000.00	Buchwert nach 6 Jahren
	[=]	110000.00	Buchwert nach 7 Jahren
	[=]	40000.00	Buchwert nach 8 Jahren

Ü6.2 Abschreibungsbeträge und Zeitwerte bei degressiver Abschreibung

Eingabe	Taste(n)	Anzeige	Bemerkungen
	[2nd] [CMR]	0.00	Löschen der Speicher
40000 [÷] 600000	[=]	0.07	Verhältnis von Restwert zu Anschaffungswert
[2nd] [y^x] 8 [1/x]	[=]	0.71	
[+/−] [+] 1 [x] 100	[=]	28.72	Degressionsfaktor in %
	[STO]	28.72	Speichern des Faktors
	Aufstellen der Zeitwert-Reihen		
600000 [−] [K] [RCL]	[%]	172299.42	Abschreibung 1. Jahr
	[=]	427700.58	Buchwert nach 1 Jahr
	[=]	304879.65	Buchwert nach 2 Jahren
	[=]	217328.67	Buchwert nach 3 Jahren
	[=]	154919.33	Buchwert nach 4 Jahren
	[=]	110431.82	Buchwert nach 5 Jahren
	[=]	78719.59	Buchwert nach 6 Jahren
	[=]	56114.02	Buchwert nach 7 Jahren
	[=]	40000.00	Buchwert nach 8 Jahren
	Aufstellen des Abschreibungsplanes		
	Abschreibung 1. Jahr siehe oben!		
427700.58 [−] 304879.65 [STO]	[=]		
		122820.93	Abschreibung 2. Jahr
[RCL] [−] 217328.67 [STO]	[=]		
		87550.98	Abschreibung 3. Jahr
[RCL] [−] 154919.33 [STO]	[=]		
		62409.34	Abschreibung 4. Jahr
[RCL] [−] 110431.82 [STO]	[=]		
		44487.51	Abschreibung 5. Jahr
[RCL] [−] 78719.59 [STO]	[=]		
		31712.23	Abschreibung 6. Jahr
[RCL] [−] 56114.02 [STO]	[=]		
		22605.57	Abschreibung 7. Jahr
[RCL] [−] 40000	[=]		
		16114.02	Abschreibung 8. Jahr

Ü6.3 Abschreibungsbeträge und Zeitwerte bei digitaler Abschreibung

Eingabe	Taste(n)	Anzeige	Bemerkungen
	[FIX] 2		
600000	[−] 40000 [=]	560000.00	Gesamter Abschreibungsbetrag
	[STO]	560000.00	Abspeichern
2 [÷] 8 [÷] 9	[=]	0.03	Konstanter Betrag, um den die Abschreibungsquote sinkt
	[x] 8 [=]	0.22	Abschreibungsquote 1. Jahr
	[x] 560000 [=]	124444.44	Abschreibung im 1. Jahr
	[+/−] [SUM] [RCL]	435555.56	neue Abschreibungsbasis
	[+] 40000 [=]	475555.56	Buchwert nach 1 Jahr
	7 [÷] 36 [=]	0.19	Abschreibungsquote 2. Jahr
	[x] 560000 [=]	108888.89	Abschreibung im 2. Jahr
	[+/−] [SUM] [RCL]	326666.67	neue Abschreibungsbasis
	[+] 40000 [=]	366666.67	Buchwert nach 2 Jahren
	6 [÷] 36 [=]	0.17	Abschreibungsquote 3. Jahr
	[x] 560000 [=]	93333.33	Abschreibung im 3. Jahr
	[+/−] [SUM] [RCL]	233333.33	neue Abschreibungsbasis
	[+] 40000 [=]	273333.33	Buchwert nach 3 Jahren
	5 [÷] 36 [=]	0.14	Abschreibungsquote 4. Jahr
	[x] 560000 [=]	77777.78	Abschreibung im 4. Jahr
	[+/−] [SUM] [RCL]	155555.56	neue Abschreibungsbasis
	[+] 40000 [=]	195555.56	Buchwert nach 4 Jahren
	4 [÷] 36 [=]	0.11	Abschreibungsquote 5. Jahr
	[x] 560000 [=]	62222.22	Abschreibung im 5. Jahr
	[+/−] [SUM] [RCL]	93333.33	neue Abschreibungsbasis
	[+] 40000 [=]	133333.33	Buchwert nach 5 Jahren
	3 [÷] 36 [=]	0.08	Abschreibungsquote 6. Jahr

x 560000	=	46666.67	Abschreibung im 6. Jahr
+/− SUM	RCL	46666.67	neue Abschreibungsbasis
+ 40000	=	86666.67	Buchwert nach 6 Jahren
2 ÷ 36	=	0.06	Abschreibungsquote 7. Jahr
x 560000	=	31111.11	Abschreibung im 7. Jahr
+/− SUM	RCL	15555.56	neue Abschreibungsbasis
+ 40000	=	55555.56	Buchwert nach 7 Jahren
1 ÷ 36	=	0.03	Abschreibungsquote 8. Jahr
x 560000	=	15555.56	Abschreibung im 8. Jahr
+/− SUM	RCL	0.00	
+ 40000	=	40000.00	Anlagenwert nach 8 Jahren

Ü 7.1 Mittelwert, Standardabweichung und Varianz

Eingabe	Taste(n)	Anzeige	Bemerkungen
	▲ STAT	0	
	2nd CMR	0	Löschen aller Speicher
	FIX 2	0.00	Wahl zweier Dezimalstellen
6.8	Σ+	1.00	Eingabe erster Wert Speichern erster Wert
5.3	Σ+	2.00	
2.1	Σ+	3.00	
3.2	Σ+	4.00	
2.8	Σ+	5.00	
	2nd Mean	4.04	Arithmetischer Mittelwert
	2nd σ_{n-1}	1.95	Standardabweichung
	x^2	3.80	Varianz

Ü 7.2 Regressionsgerade

Eingabe	Taste(n)	Anzeige	Bemerkungen
	[2nd] [CMR]	0	Löschen der Speicher
	[FIX] 9	0	Fließkomma
60000	[x ⇄ y]	0	Eingabe erster x-Wert
23000	[Σ+]	1	Eingabe erster y-Wert Speicherung des ersten Zahlenpaares
15000	[x ⇄ y]	60000	Eingabe zweiter x-Wert Anzeige des vorhergehenden x-Wertes
4700	[Σ+]	2	Eingabe zweiter y-Wert Speicherung des zweiten Zahlenpaares
28000	[x ⇄ y]	15000	analog zu x
10000	[Σ+]	3	analog zu y
44000	[x ⇄ y]	28000	
16500	[Σ+]	4	
36000	[x ⇄ y]	44000	
12000	[Σ+]	5	
11500	[x ⇄ y]	36000	
3600	[Σ+]	6	
	[FIX] 2	6.00	Wahl zweier Dezimalstellen
	[2nd] [Mean]	11633.33	durchschnittlicher Gewinn
	[x ⇄ y]	32416.67	durchschnittlicher Investitionsbetrag
	[2nd] [σ_{n-1}]	7325.21	Standardabweichung des Gewinns
	[x ⇄ y]	18265.86	Standardabweichung des Investitionsbetrags
	[2nd] [b/a]	− 1332.04	Achsenabschnitt b (Gewinn ohne Investition)
	[x ⇄ y]	0.40	Steigung a
	[2nd] [Corr]	1.00	Korrelationskoeffizient
100000	[2nd] [y']	38663.97	Gewinn bei Investitions-Vorgabe
30000	[2nd] [x']	78337.92	Investitionssumme bei Gewinnvorgabe

Ü 7.3 Trendlinienanalyse

Eingabe	Taste(n)	Anzeige	Bemerkungen
	[FIX] 9		
1950	[x⇄y]	0	Eingabe erster x-Wert
15.17	[Σ+]	1	Eingabe erster y-Wert Speicherung des ersten Zahlenpaares
1960	[x⇄y]	1950	Eingabe zweiter x-Wert
48.61	[Σ+]	2	Eingabe zweiter y-Wert Speicherung des zweiten Zahlenpaares
1970	[x⇄y]	1960	entsprechend für x
125.82	[Σ+]	3	entsprechend für y
Bei der Eingabe der folgenden y-Werte über [+] wird der x-Wert jeweils um 1 erhöht!			
140.46	[Σ+]	4	
150.04	[Σ+]	5	
169.2	[Σ+]	6	
185.03	[Σ+]	7	
186.17	[Σ+]	8	
197.49	[Σ+]	9	
212.44	[Σ+]	10	
223	[Σ+]	11	
1985	[2nd] [y']	261.36745	Erwarteter Arbeitsverdienst in Mrd. DM im Jahre 1985
300	[2nd] [x']	1990.0283	Im Jahre 1991 wird die 300-Mrd-Grenze überschritten werden
	[2nd] [Corr]	0.974906	Korrelationskoeffizient

9 Die Finanzrechner von Texas Instruments

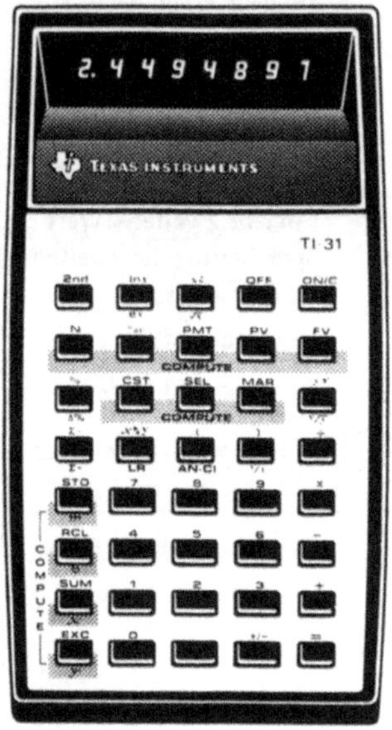

Die vorhergehenden Rechenbeispiele und Tastenfolgen sind auf den TI-44 von Texas Instruments zugeschnitten. Doch eignet sich dieses Buch auch für die anderen Finanzrechner von Texas Instruments, wie den TI-31 und TI-42.Bis auf einige abweichende Tastenfolgen können die Beispiele direkt übernommen werden.

Der TI-31 ist, was die Funktionen anbelangt, weitestgehend identisch mit dem TI-44. Eine Ausnahme bildet hier die Statistik.

Das günstige Preis/Leistungsverhältnis macht den TI-31 besonders geeignet für Studenten der Wirtschaftswissenschaften.

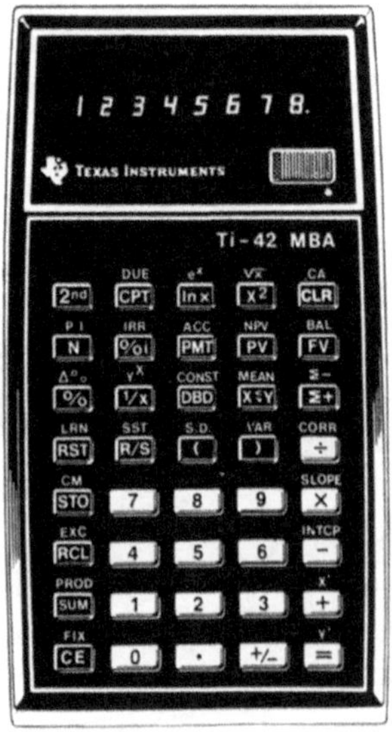

Der Finanzrechner TI-42 ist in den Grundfunktionen mit dem TI-44 identisch. Wegen seiner Programmierbarkeit sind die gemischten Zinsrechnungen und Iterationsalgorithmen z.B. bei Effektivverzinsung von Ratenkrediten oder der internen Zinsfußermittlung besonders elegant durchzuführen. Seine 12 Speicher erlauben es, größere betriebswirtschaftliche Rechnungen und finanzwirtschaftliche Probleme zu bearbeiten.

10 Sachwortverzeichnis

GPSR Compliance

The European Union's (EU) General Product Safety Regulation (GPSR) is a set of rules that requires consumer products to be safe and our obligations to ensure this.

If you have any concerns about our products, you can contact us on ProductSafety@springernature.com

In case Publisher is established outside the EU, the EU authorized representative is:

Springer Nature Customer Service Center GmbH
Europaplatz 3
69115 Heidelberg, Germany

Batch number: 10815962

Printed by Printforce, the Netherlands